営業スイッチ！

お客様の期待を超え続ける

福島 章

同文舘出版

はじめに

はじめまして。元気を出す営業開発コンサルタントの福島章です。

本書は、日夜孤軍奮闘されている営業パーソンの皆さんに「営業スイッチ！」を手に入れてもらいたい、という想いで書きはじめました。

営業のさまざまな場面において「営業スイッチ！」を入れることで、お客様の抱えている課題や問題にいち早く気づき、解決し、お客様から一目置かれる存在になることができます。

お客様から一目置かれる存在になることで、お客様からのご指名も増え課題解決のチャンスに恵まれるので、圧倒的な存在感のある営業パーソンになることができるのです。

とは言うものの、私も長い間、営業の仕事を続けてきましたので、営業パーソンが日々さまざまな悩みを抱えていることは、身にしみるほどよくわかります。

・お客様と会社の板挟みになって疲弊してしまう
・ノルマに追われ余裕がない
・営業の仕事が心底楽しめない
・営業パーソンとしての自信が持てない
・日々の営業活動にマンネリを感じている
・営業パーソンとして成長できているのか不安になる

これらの悩みを、ただ闇雲に解決しようとしても、うまくいくはずがありません。これらの悩みを解決するためには、自分の中に眠っている営業力を最大限に引き出さねばなりません。本書では、そのために必要な「営業スイッチ！」を、

①思考スイッチ　②必達スイッチ　③メンタフスイッチ　④受信スイッチ　⑤発信スイッチ　⑥巻き込みスイッチ　⑦成長スイッチ

の7つに分けて説明しています。

この「営業スイッチ！」を自分のものにすることで、営業パーソンとして抱えやすい悩みを解消し、パワーアップした営業活動を楽しんでいただければと思います。そうすることによって、仕事だけでなく、あなた自身の人生もイキイキと回り出すことでしょう。

私は現在、「元気を出す営業開発コンサルタント」として、企業の人材育成・能力開発に深く関わらせていただく仕事をしておりますが、もちろん、ここまでの道のりは決して順風満帆だったわけではありません。

私のキャリアは、大学卒業後、通信機器メーカーに就職し、営業パーソンとなったところからスタートしました。

大手有名ブランドメーカーを相手に、海外の市場も視野に入れたOEMの製品を企画・立案する営業や、中国での新市場開拓の営業などを経験させてもらいました。

その後、ベンチャー企業にヘッドハントされ、新規ビジネスの立ち上げ営業を2社で経験。そこからコンサルタントとして独立し、複数の顧問先企業の顧客開拓営業を指導してきました。お客様も、個人（B to C）、法人（B to B）、市場開拓（B to B to C）など、多岐にわたります。

もちろんうまくいくことばかりではなく、正直、山あり谷ありの営業開発活動だったと思います。例えば、

・米国での数十万台の商品リコールの火消しに奔走したり
・中国で誤った情報をつかまされ過剰在庫をつくってしまったり
・顧客開拓がうまく進まず、責任をとって自ら給料を減額せざるを得なかったり
・新規ビジネスの開発方針を巡る意見対立によって解雇されたり
・独立したものの、単価の見合わないクライアントが増えすぎて倒産しそうになったり

……と、数えればキリがないくらい、厳しくタフな営業経験もたくさん体験してきました。プライベートにも影響を及ぼし、家のローンが滞ったり、税金滞納で督促状が何度も届いたり、精神的に追い込まれる経験もしてきました。

今思えば、これら一つひとつの厳しいビジネスの経験も、結果的に自分の成長に欠かせない貴重なトレーニングになっていたと感じています。おかげさまで、営業パーソンとしての醍醐味を味わいながら、人としても成長させてもらうことができました。

一生の中で、仕事に費やす時間は膨大です。私もそうでしたが、なかなか思うようにいかず、大変な出来事が続いていくと、営業という仕事自体に疑問を感じてしまうこともあるでしょう。

しかし、せっかく営業パーソンという仕事をしているのです。時間をムダにせず、自分にしかできない営業活動をして、楽しくやりがいを感じてみたいとは思いませんか？

「ここぞ！」というタイミングで「営業スイッチ！」を意識的に入れていけば、お客様から一目置かれる課題解決力を発揮することができます。そうすれば、楽しくやりがいを感じながら営業活動にまい進でき、営業パーソンとして劇的に成長する機会を得ることができるようになるでしょう。

お客様から選ばれ続ける営業パーソンになるために、自分の「営業スイッチ！」を育み、上手にスイッチを入れることができるようになっていきましょう！

本書が、あなたの「営業スイッチ！」醸成の一助になることを祈っています。

営業開発コンサルタント　福島章

『お客様の期待を超え続ける　営業スイッチ！』　目次

1章

あなたの力を最大限に引き出す「営業スイッチ！」

4章

転んでもただでは起きない！「メンタフスイッチ」

5章

お客様の本音を引き出す！「受信スイッチ」

6章

お客様の共感を呼ぶ！「発信スイッチ」

7章

場を仕切ってポジティブな空気をつくる！「巻き込みスイッチ」

8章

いい結果を生み出し続ける！「成長スイッチ」

装幀・本文デザイン・DTP　朝日メディアインターナショナル
編集協力　長谷川華

1章

あなたの力を最大限に引き出す「営業スイッチ！」

1 そもそも「営業スイッチ!」とは?

営業パーソンとして一目置かれるために

「はじめに」でお話ししたように、「営業スイッチ!」とは、**お客様から一目置かれるために、自分の中にある営業力を最大限に引き出す**スイッチです。

なぜ、営業パーソンは、お客様から一目置かれる存在にならなければいけないのでしょうか? それは、お客様から一目置かれることで、あなたが周囲の営業パーソンから差別化されるだけでなく、あなたの営業活動がもっと自分らしく、もっとイキイキと躍動するからに他なりません。

まず、あなたがお客様だったとしたら、いったい営業パーソンのどんなところに一目置くかを考えてみてください。

誠実さ、明るさ、謙虚さ、元気さ、熱意、スピード、知識量、コミュニケーション力の高さ……。いろいろあると思いますが、私は、まずは**自分自身が営業という仕事を徹底的に楽しむ**ことができているかどうかが重要だと考えています。営業という仕事を心底楽しんでいる営業パーソンは、実はそれだけで、周囲へ好影響を与える存在なのです。

もちろん、営業パーソンの仕事の成果は、いつでも順風満帆というわけにはいきません。相手のあることですから、いいときもあれば、なかなかうまくいかないときも多々あるでしょう。

だからこそ、会社から求められるノルマに追われすぎたり、自分で無理な目標設定をしてバランスを崩していては、いつも楽しそうに笑顔でいることはできません。知らず知らずのうちに、仏頂面になり、周囲へ好影響を与えることなどできなくなってしまいます。

そんな精神論なんか知りたくない、商品がもっと売れるスキルを早く教えてくれって？

精神論など不要だという気持ちもよくわかります。かくいう私も、かつてはすぐに使えるスキルがあれば、もっと売れると思っていた営業パーソンの一人でした。

私が、スキルだけではなく、スキルを支えるマインドの部分もあわせて鍛えていかなければダメだという考えに至ったのは、ある苦い経験をしたからです。

その経験とは、独立3年目に会社倒産の危機に瀕したときのことです。顔から知らず知らず笑顔が消え、無意識のうちに仏頂面になっていたことがありました。

そんな私を見かねた友人が、あるコミュニケーション強化セミナーに誘ってくれ、そこで、初対面の方々から実に率直なフィードバックをたくさんもらうことができ、自分の真実の姿に気づくことができました。

そのフィードバックとは、「目が全く笑ってない人ですね」「何でも売り込む押し売り営業パーソンみたいですね」というものでした。こんな風に他人には映っていたのです。

私は大きな衝撃を受けました。これでは、営業パーソンとしていい仕事はできず、好影響など与えることはできません。そんな営業パーソンのままだったら、何の変化も起こらず、今頃会社はなくなっていたかもしれません。

スキルとマインドは、切っても切れない関係にあります。建物に例えれば、スキルは上物であり、表に見えるもの。マインドは、基礎であり、土台であり、地下に隠れているも

魅力的な営業パーソンとは

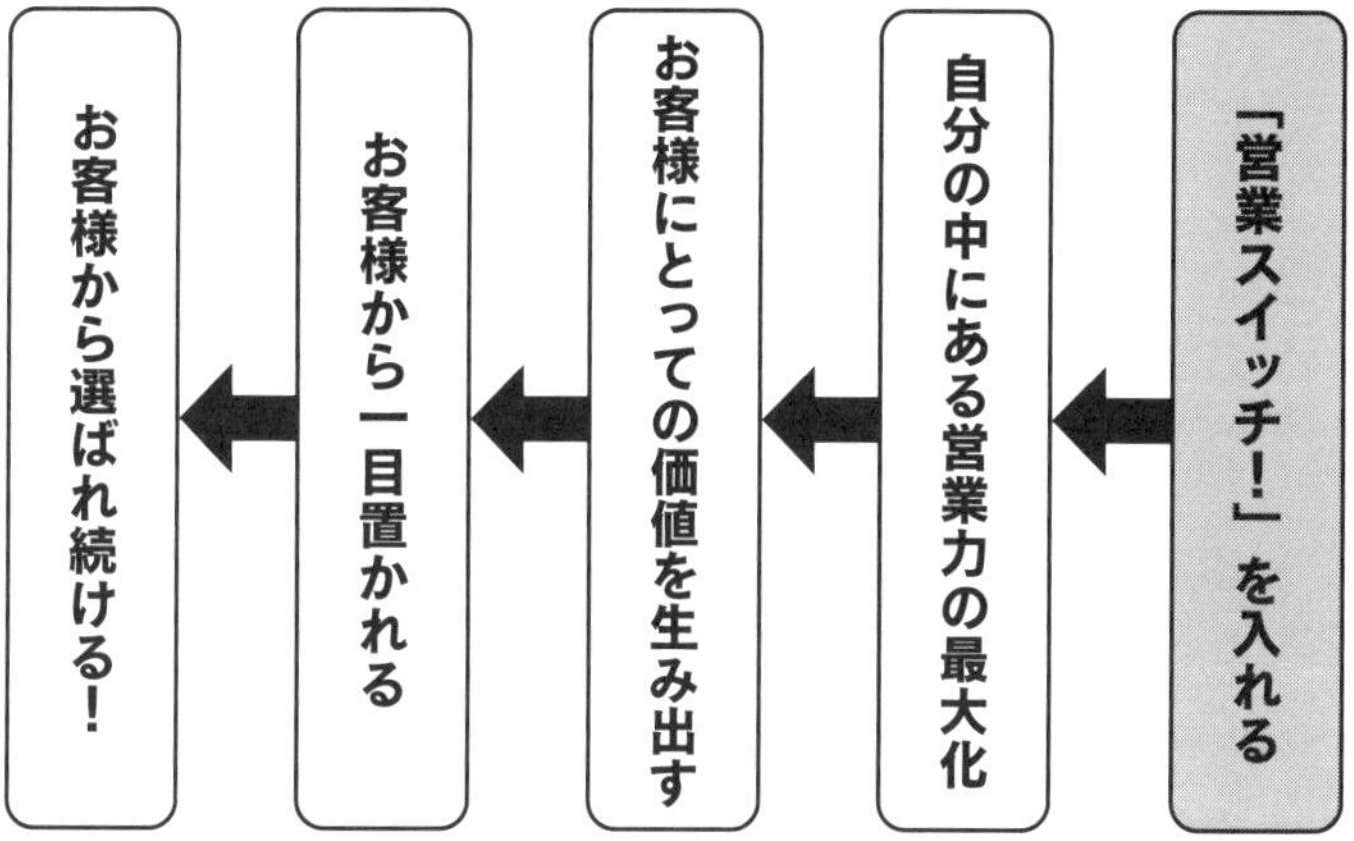
「営業スイッチ！」を入れる
自分の中にある営業力の最大化
お客様にとっての価値を生み出す
お客様から一目置かれる
お客様から選ばれ続ける！

の。土台のしっかりしていない家は、もろいものです。

　お客様に選ばれ続けるためには、お客様から一目置かれる行動を具体的に起こしていかなければなりません。それが小手先の行動であっては、簡単に見抜かれてしまいます。「営業スイッチ！」は、一目置かれる営業パーソンになるために必要なスキルとマインドの両面から成り立っています。

　本書でご紹介する「営業スイッチ！」を一つひとつ入れていけば、あなたの中にある営業力を最大限に発揮できるようになります。そして、その行動がお客様を惹きつけることにつながり、お客様にとって常に魅力的な営業パーソンになることができるでしょう。

2 営業パーソンの使命とは？

お客様の問題をどう解決するか？

お客様にとって魅力的な営業パーソンの条件とは、**お客様のビジネス課題を解決するための策を常に提供できる**ことです。お客様の問題を解決するということは、お客様の言うことを何でもハイハイと調子よく聞くことでも、こびへつらって下手に出ることでも、値引きをたくさんしてあげることでもありません。

営業パーソンは、お客様へ問題の解決方法（ソリューション）を提供するのが最大の使命です。お客様に買わせることではありません。問題の解決方法を上手に提供することができれば、お客様の満足を勝ち取ることもでき、次のチャンスへとつながっていくことにもなります。

営業は、お客様の問題解決を直接お手伝いすることができる仕事です。自分が提供できる商材をご活用いただき、相手の抱えている問題解決を図ることができれば、自分にとっても、相手にとっても、最高の結果となります。

逆に、自社の商材を売り込むことだけに過度に集中しすぎると、お客様の抱える問題という視点が希薄になってしまいます。商材の説明員の領域を出ないような営業では、お客様から見れば、魅力の乏しい営業パーソンでしかないのです。

とある超大手企業の購買担当は、新任の営業パーソンが着任すると、その力量を試すために、自社では取り扱っていない商材の問い合わせをわざとするそうです。お客様の無理難題に、どのように対応するのか、その対応力を見て、あまりにレベルが低い担当者だった場合は、担当の変更を申し出るのです。

そもそも自社では取り扱っていない商材なので、その調達先とコンタクトをとり、どうすれば調達できるかまでを調べ上げて、対応策を提示できれば見事に合格というわけです。

「当社ではその商材は扱えません」と相手の要望を汲むことなく、何も考えない回答を持ってきたら、容赦なく不合格の烙印を押します。怖い話ですが、お客様から選ばれるとはどういうことか、営業パーソンは身をもって体験することになるでしょう。

「営業スイッチ！」が起動している営業パーソンは、自分がどのような行動をすればお客様のお役に立てるのか、どこまでやればお客様から一目置いてもらえるかを常に追求しています。

お客様から選ばれ続ける魅力的な営業パーソンへの道は、いつでもお客様の問題解決を最優先に考え、お客様のお困り事に真摯に向き合い、自分や自分の会社がお役に立てることを探し続け、そのプロセスの中で、**お客様から絶対的な信頼と信用を積み重ねていくこと**なのです。

お客様と正対することを恐れるな！

お客様の信頼を獲得するためには、まずはしっかりお客様と向き合うことが重要です。お客様に真摯に向き合う、つまり正対することは、簡単なことではありません。ノルマに追いかけられ、プレッシャーをかけられれば、誰だってラクになりたいし、逃れたいと思うものです。このお客様から契約をもらえればラクになる、少しオーバートークになっても、まずこのお客様から「ＹＥＳ」を引き出すんだ、と考えてしまいがちです。

しかし、それでいくらその場をしのげても、結局は、自分勝手な営業パーソンであることに変わりはありません。一時的にうまくいったように見えても、次につながっていくわけもなく、**じり貧になっていくのは避けようがありません**。

お客様に正対するということは、簡単なことではないのですが、「営業スイッチ！」を正しく起動させるためには、避けては通れないことなのです。

お客様と正対し続ければ、お客様からの信頼・信用は段々と蓄積され、お客様が困ったときに、気軽に声をかけてもらえるような存在になれます。

お客様の期待値を超えよう！

モノやサービスが飽和している今、絶対的に優位な商材を扱える営業パーソンは、そう多くはないはずです。それゆえに、あなたの取り扱っている商材を絶対的に優位な商材に変えることができるのは、唯一営業パーソンの自分だけなのだということを肝に銘じておきましょう。

あなたは、何かモノを買ったり、サービスを受けたりするとき、どんな相手から買いたいですか？　どんな相手からだったら、買ってよかったと思いますか？

自分が予想していた以上の対応をしてくれる人だったら、この人でよかったと感じるのではないでしょうか。人は誰でも、自分の想定した以上、期待を超える対応をしてもらえたときに、満足や喜びが生まれ、信頼や信用へとつながるものです。

お客様から常に一目置かれ、選んでもらえる営業パーソンであるためには、**お客様が望んでいるであろう期待値を超え続ける対応力**を身につけていかなくてはなりません。

お客様の期待を日頃から感じ取る努力を怠らず、「あなたから買ってよかった」と言ってもらえるために、営業活動を実践していきましょう。

3
「営業スイッチ！」を構成する7つのスイッチ

営業パーソンに必要な7つのスイッチとは？

この本では、「営業スイッチ！」を7つに分類して説明しています。それぞれのスイッチの詳細は2章以降で詳しくお伝えしますが、7つのスイッチは以下になります。

①思考スイッチ　②必達スイッチ　③メンタフスイッチ　④受信スイッチ　⑤発信スイッチ　⑥巻き込みスイッチ　⑦成長スイッチ

これらのスイッチは、①が入ると②にも影響を与え、③のスイッチ、④のスイッチ……

７つのスイッチでよいスパイラルを生み出し続けよう！

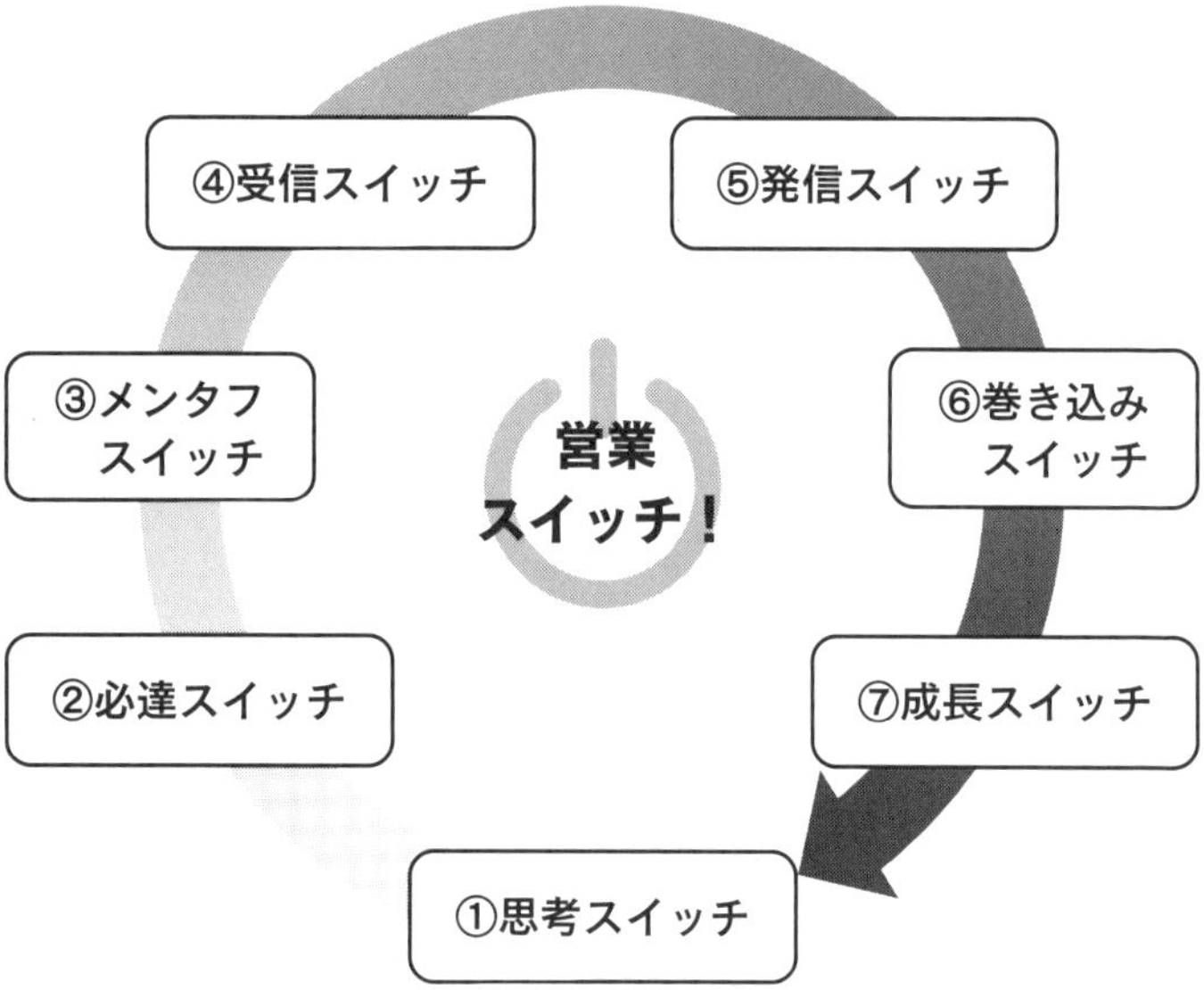

と、次々と以降のスイッチへと影響を与えていきます。⑦の成長スイッチまで到達すると、きっとあなたは①のスイッチが入ったときよりもさらに営業パーソンとしての総合的な力がレベルアップします。

そして⑦の成長スイッチが①の思考スイッチに影響を与え、再び②のスイッチ、③のスイッチへと次々に影響を与え続けます。

つまりスイッチを入れ続けていくことで、よいスパイラルを生み出していくというわけです。この好循環は途切れることなく、あなたの営業パーソンとしての能力も上がり続けていくでしょう。

①思考スイッチ

↓「営業スイッチ!」のはじまり、土台ともいえる重要なスイッチです。

営業パーソンとして、頭と心を動かし、主体的な活動の源泉となるスイッチです。お客様に正対し、付加価値の高い営業活動を実践し、お客様の課題解決を実践するために、営業パーソンとしてのマインドセットをするためのスイッチともいえます。

徹底的に考え、そして掘り下げていくことで、営業の本質を探究し続けるスイッチです。同時に、お客様の気持ちを感じ取るためにも欠かせません。思考スイッチが入れられなければ、営業パーソンとしての存在価値は皆無といってても過言ではない、とても重要なスイッチです。

②必達スイッチ

↓具体的な行動を誘発するためのスイッチです。

営業パーソンとして常に意図を持った主体的行動を起こすために入れるスイッチです。思考スイッチと連動してこそ、強力に機能します。

目標設定方法から記録づくりまで、狙いを定めたら結果を出すまで行動し続けるためのスイッチです。踏み込む、出し切る、やり切るための行動スイッチです。

③メンタフスイッチ

↓営業パーソンとして動じない心、メンタル面での強さを手にするためのスイッチです。

営業活動を通じて、あらゆる逆境に打ち克ち、打たれ強さを手に入れ、心を鍛えるためのスイッチです。

メンタルのタフネスさを発揮し、お客様からの絶対的な信頼・信用を手に入れるためのスイッチで、②の必達スイッチで起動させた行動をキープし続け、④以降のスイッチにつなげていきます。

④受信スイッチ

↓お客様の情報に敏感に反応していくためのスイッチです。

お客様が発する意識的、無意識的な情報を積極的に受け取り、お客様の課題の本質をつかむためのスイッチです。お客様の本音を引き出す積極的な傾聴姿勢をつくり、お客様の本音をキャッチしていきます。

お客様の感情や行動を受信し、次の発信スイッチへとつなげていきます。

⑤発信スイッチ

↓「営業スイッチ！」の中で、一番お客様との直接のコミュニケーションに関わってくるスイッチで、積極的な自己表現をしていくためのスイッチです。

お客様の問題解決に関わり、絶対的な信頼を勝ち取るための相手への関心表明のスイッチです。

お客様に常に選んでいただくために、差別化のある情報発信をし、一目置かれ、お客様の共感・共鳴を獲得するためのスイッチです。この発信スイッチがうまく動いていないと、⑥の巻き込みスイッチへとつなげていくことができません。

⑥巻き込みスイッチ

↓自分が中心となって、大きな流れをつくるために必要なスイッチです。

これまでの5つのスイッチを起動させることで、営業パーソンとして生み出したいい流れを「点」から「面」へと進化させ、より大きな成果へつなげるためのスイッチです。

お客様を含む利害関係者との強固な関係構築を生み出すために必要なスイッチで、①〜⑤までのスイッチをさらに発展させていくためのスイッチともいえるでしょう。

⑦成長スイッチ

↓営業パーソンとしての自己価値を高めていくために必要となるスイッチです。

お客様とＷｉｎ－Ｗｉｎの関係を確立し、発展させていくために、営業パーソン自らが実践している自己学習エンジンを起動するスイッチです。営業パーソンとして成長し続け、新たなキャリアを開発していくためのスイッチともいえます。成長スイッチが入ることで①の思考スイッチへと戻っていきます。

同じことを繰り返さず、常に新しいことにチャレンジして、お客様のお役に立ち続けるために、自己成長を繰り返していくためのスイッチだともいえます。

これら7つの「営業スイッチ！」を自在に操り、魅力ある営業パーソンへと進化を遂げましょう。

4 正解がないからこそ大切な「自分の軸」

営業パーソンの仕事に「絶対正解」は存在しない

営業の世界には、「正解」や「唯一絶対解」といったものが存在しません。

どんなに美辞麗句を並べ立て、素晴らしい営業トークを展開して、受注や契約に至ったとしても、お客様の満足が得られなければ、独りよがり、自分勝手な営業活動でしかないのです。

私を含め多くのビジネスパーソンは、知らぬ間に「正解探し症候群」に陥り、あたかも「絶対正解」が存在するかのように考え、それを無意識に繰り返していってしまうものです。誰しも失敗などしたくないですから、安心、安全を得ようとするための1つの拠り所として正解を求めてしまう。

ビジネスの世界に「絶対正解」は存在しないのであれば、いったい何を目指せばよいのでしょうか？

ビジネスの世界に存在するのは、常に**「最善解」「最適解」**のみです。「最善解」「最適解」とは、どんな場合にも共通する正解といったものではなく、その時々に置かれた状況や、その場に関わっている人にとって「ベストの正解」といえるものです。

お客様から選ばれ続ける営業パーソンは、「最善解」「最適解」探しに余念がありません。その場しのぎの「絶対正解」探しを極力避け、よりよい「最善解」「最適解」を求め続けます。

そんな営業活動を通じて、自分が営業パーソンとして譲れない「自分の軸」も明確になっていくものです。

営業パーソンが売るものは商品だけではない

私がベンチャー企業の営業責任者として、開発途上の製品の営業をしていたとき、納期もはっきりしないような未完成品にもかかわらず、あるお客様からご契約をいただけたことがあります。お客様もそのことは承知のうえでの契約でした。

正直、なぜお客様は契約してくれたのか？　とても疑問でした。そのお客様とはその後、関係を深められたこともあり、直接聞いてみることにしました。

すると、その答えは、「あなたたちの会社の行く末に大いに期待をしたからです」というものでした。

「なるほど、そうか！」と納得したのを今でも覚えています。

お客様は、提案される商材の現在の直接価値だけで購入を判断したり、契約したりするのではないということを、そのとき実感しました。

つまり、**お客様が感じる価値は、今存在している商品に対してだけではない**ということです。

お客様から一目置かれる営業パーソンは、単にモノを売っているわけではなく、**営業パーソンである自分自身をも売っています。**お客様は、モノやサービスを購入するとともに、営業パーソンへの信頼や信用も同時に買っているのです。

営業パーソンが持っておくべき「自分の軸」とは？

営業パーソンが、お客様と正対するときに常に考えなくてはならないのは、**「自分の軸」をぶらさない**ということです。

自分の軸とは、営業パーソンの体幹ともいうべき部分で、自分の判断や行動の基準のことです。営業活動を行なうときの行動規範ともいえるものです。

例えばそれは、以下のようなことです。

- **自分が営業している商材は、必ずお客様の課題解決のお役に立つものだ**
- **お客様が「買いたい」と言ってくれないのは、自分側の何かが足りないからだ**

・お客様が100%満足していただけなければ、何がなんでも自分がその不足を補うぞ
・それでもご満足いただけない場合は、潔くペナルティを受けられる覚悟はできている

このような「自分の軸」を明確に定めておけばこそ、迷わず行動ができたり、ぶれない発言ができるようになるものです。この軸をどんどん太くしていきましょう。

営業パーソンという仕事に真摯に向き合ってきた人は、人間力がとても高いと言われたりしますが、それは、答えのない世界で、状況に応じて自分なりの答えを出し続けてきたからこそなのだろうと思います。

営業パーソンとして、「上手に売るスキル」を身につけようとする前に、自分自身と真摯に向き合い、お客様に一目置かれるための自分らしさは何か？　自分自身が差し出せる真の強みは何か？「自分の軸」について、今一度見直しておくことは重要なことだと思います。

常に「最善解」「最適解」を求める営業パーソンたれ！

お客様から選ばれ続ける営業パーソンがよく挙げる言葉として、次のようなものがあります。

「お客様に喜んでいただきたい」
「お客様から信頼、信用していただきたい」
「約束は何がなんでも必ず守りたい」
「お客様の発展に貢献したい」

これらも、先にご説明した「自分の軸」の一環だといえるでしょう。

営業パーソンとして、よりよい行動をするために、このような判断、決断をするための基準を定めておくことも、ぶれずに「最善解」「最適解」を求めるためには必要です。

ある生命保険を営業している高業績の営業パーソンK氏に出会ったときのこと。彼に、思わず意地悪な質問を仕掛けてみました。

「あまりあり得ないことだとは思いますが、もしご契約されている別のお客様2人が、全く同じ時間に亡くなられたら、あなたはどのように対応するのですか？　身体は１つですよね」

相手を惑わせる、とても意地悪な質問ですよね。

私の意図としては、「**あなたはどんな軸を持って、営業活動をしているのか？**」ということを求めて質問しています。

その営業パーソンはこう答えました。

「難しい状況ですね。確かに迷います。実際にはその場になってみないとどのように行動することがベストかはわかりませんが、私なら、それまでのお付き合いの中で、それぞれのご家族が置かれた状況をしっかりとヒアリングしていますから、その持ち得る情報の中で、自分がより必要とされるであろう環境のお客様を迷わずに優先して行動します。そして、そのことは、もう１人のご契約者ご家族にも共有させてもらって、ご理解を賜るようにします」

そうきっぱりお答えいただきました。さすがですね。

「最善解」「最適解」を追求することが求められる営業パーソンは、想定外の状況にも、しっかりと自分の考え方を持って対応していく必要があるということです。

ゆるがない自分の軸を強化せよ

「自分の軸」を定めよ、と言われても、はじめはなかなかうまくいかないかもしれません。大切なことは、漠然とした軸を定めず、仮でもかまわないので、明確な軸を一度定めてみることです。

私の軸づくりがスタートしたのは、最初の会社に入社したときでした。ありがたいことに、当時の直属の上司から、どんな営業をしたいかを問われ、選択できる機会をもらいました。

当時は、日本国内でコードレス電話の市場が拡大していた時期で、1つは、自社ブランドを家電量販店に販売していく市販といわれる営業部隊、もう1つはOEMといわれる相手先のブランドでの設計製造を一手に引き受ける営業部隊、どちらかを選択せよというものでした。

前者は十数名の規模で割と大所帯、全国を飛び回り、自社のブランドの完成品を売り込んでくる営業スタイル。後者のＯＥＭは２～３名の小さなセクションで、大手ブランドの陰とはなるものの、自社の技術力や生産力を売り込んで、ものづくりを陰でリードする仕事。後者は、力関係によっては下請け扱いされることなどもある難易度の高い営業です。

私は、営業という職種を選んだときから、「ゆりかごから墓場まで直接関われる仕事をしたい」と考えていたので、迷わず後者のＯＥＭの営業を選択しました。つまり、これが私の「自分の軸」の１つだったというわけです。

ものづくりの企画段階から、市場への投入、アフターサービスやメンテナンスまで、すべてに関われるＯＥＭでの営業は、とても興味深く、やりがいのある仕事でした。

営業パーソンとしての「自分の軸」を定めておくことで、「営業スイッチ！」はより効果的に機能していくことになります。

2章

いつでもどんなときでも
ONモードになる!
「思考スイッチ」

スイッチ①

思考スイッチ

考えるより、つい動いてしまいがちなのが営業パーソン。しかし、まずは思考スイッチを入れるクセをつけることからはじめよう！

「営業スイッチ！」を機能させる7つのスイッチのうち、まず起動させたい1つ目のスイッチが、この思考スイッチです。

机に座って、じっくり考えることより、行動することが先決、そして得意とされることが多いのが営業パーソンです。じっくり考えるということに苦手意識のある営業パーソンも多いと思います。

私も昔から、考えるよりも先に行動してしまうタイプでした。どこから、どのように考えてよいのか、全くの白紙の状態から考えることに、苦手意識がありました。しかしながら、いろいろな営業経験の積み重ねの中で、キャリアをスタートさせて6～7年目くらいから、考えることの楽しさ、面白さに気づき、ただ闇雲に行動するのではなく、考えながら行動（考動）することができるようになっていきました。

思考スイッチを入れるということは、よりよいゴールに向かって、思索を繰り返し、あの手この手と創意工夫をするということ。「お客様にもっと喜んでもらうために自分にできることはないか？」など、未来に向かって、お客様以上にお客様を考え続けることです。もちろん、うまくいくことを前提に思索を繰り返すので、自ずと気持ちも明るく楽しくなって視界が開けてくるはずです。

2章では、思考スイッチとは？　というところから、効果的な思考スイッチの活用の仕方までをお伝えします。

1

「思考スイッチ」を入れて闇雲な行動をやめる

行動よりまず「思考」する営業パーソンに

「考えている暇があったら、とにかく営業しろ！　営業は足を動かしてナンボだ！」

「机に座ってパソコンに向かっている時間があったら、お客様に会ってこい！」

「新規、新規、新規、どんどん新規へ行け！」


上司にこのような叱咤激励をされたことがある方は、多いでしょう。私もそうでした。

営業パーソンに自ら考え行動させず、行動量を増やすことだけを望み、営業パーソンを道具化するようなマネジメントを強要している会社は少なくありません。

上司が求めてくる、「結果を出すにはもっと行動をしないとダメだ」と言いたくなる気持ちはよく理解できます。もちろん、行動することの大切さを否定するつもりも全くありません。

しかしながら、私自身いつも心の中では、

「闇雲に動く前に、もっと考え尽くさなくてはならないことがあるだろう!?」

「新規開拓の前に、もっとやらなきゃならないことがあるだろう!?」

と、つぶやいていました。

営業パーソンは、商売をつくる、単なる「道具」ではありません。営業パーソンは、企業にとって、商売にとって、最重要なお客様との関係を直接構築することができる立場にいる唯一無二の存在です。誰でもできる仕事ではないのです。

お客様との関係が、表面的で単発な関係で終わってしまうか、末永く強固な関係になるか、その重要なカギを握るのも営業パーソンなのです。

そして、そんな指示命令のもとで、営業活動をさせられていたら、誰も楽しいどころではなく、消耗し、疲弊し、やる気を失っていってしまいます。そんな楽しめない気持ちの営業パーソンの心中は、当然お客様にも自然に伝わっていってしまうものです。

もちろん、会社や上司の考え方を変えることは、簡単にはできないことでしょう。変えにくい、変わりにくいものに焦点を当ててエネルギーを浪費するよりも、変えられるものに注力していきたいものです。

あなた自身がお客様から一目置かれ、選ばれ続ける営業パーソンに近づけるように、まずは、自分自身の思考を見直し、未来に向かって正しい方向へ進めるようにしましょう。

2

「自頭」で考え、「地頭」を鍛える

お客様にとって価値ある存在になる

営業パーソンを取り巻く環境は常に変化しています。

例えば、お客様に何か役に立つ情報を提供する、ということを考えた場合、情報に関する我われを取り巻く進化には、めざましいものがあります。

インターネットの発達、検索エンジンの進化、ＳＮＳ（ソーシャルネットワークサービス）の定着などにより、お客様は、さまざまな情報に容易にアクセスすることが可能となりました。誰にでも簡単に手に入れることができる情報や、簡単にダウンロードやコピーができる情報を提供するだけでは、営業パーソンは、お客様にとって価値ある存在になれない時代といえます。

そんな営業環境の下で、営業パーソンは、インターネットなどから簡単には手に入りづらく、ダウンロードすることが難しい、**自分にしか提供できない、付加価値の高い情報をお客様に提供する**ことが必要です。営業パーソンは、自ら考え、自分を進化させていかなければ、価値を生み出すことはできないのです。

私が日頃、付加価値を提供できるように、意識的に実践していることがあります。

それは、**お仕事でご縁をいただいたお客様の商品、サービス、お店などは、積極的に訪問して、自分で体験するように心がけている**ということです。相手を訪問した際に、お客様が実際に仕事をしているバックヤードなどを見学させてもらえるようにお願いしたりもします。

これは、お客様のことをもっとよく知り、自分にしか感じられない、考えられない情報を得て、お客様のお役に立てる提案を実施するためです。

例えば、「御社の〇〇店を利用させてもらいました。とても感じのいい接客をしていただき、楽しい時間を過ごさせてもらいました。ただ、ちょっと残念だったことがありまして、□□がもっとあるととてもよかったのですが……」などと、実際自分が体験した情報を自分自身の視点から伝えさせていただくことで、お客様には、自分の会社のことを本当に考えてくれている価値の高い営業パーソンだなと感じていただけます。

自分にしか提供できない情報とは、自分の頭（自頭）で考え、行動して得た情報に他なりません。表面的な情報を鵜呑みにすることなく、自頭で考え続けることで、結果として、他の人が真似できない、自分ならではの営業活動の実践が可能となり、真の実力（地頭）が鍛えられることとなります。

「自頭」で考え、「地頭」を鍛える。このことが思考スイッチを起動させることにもつながります。

よい行動は、よい思考から

上司に言われたことだけを、あまり深く考えずに行動しているだけの受け身の営業パーソンは、お客様に簡単に見抜かれてしまいます。

そんな営業パーソンは、お客様にとっては、全く魅力がないばかりか、煩わしい営業となってしまい、存在価値がない時代となっていることは、前述の通りです。

お客様から選ばれる営業パーソンは、**お客様にとって価値あることは何か**、常に思考スイッチを入れて考えています。

自分の頭でしっかりと考え、自分で考えたことは、自らの責任で実践し行動に移すことができます。だからこそ、お客様から選ばれる存在になれるのです。

営業パーソンは、環境の変化、お客様の変化、トレンドの変化などさまざまな変化に対し、思考スイッチを駆使することで、柔軟かつ臨機応変な行動を生み出しています。つまり、「**よい行動は、よい思考から生まれる**」というわけです。

高業績を上げられる営業パーソンと業績が芳しくない営業パーソンの差は、表に現われる部分より裏に隠れる部分における差が大きいものです。

表に現われる部分は、ＴＯ ＤＯ（やり方）といわれる部分で、ＨＯＷ（手段）でもあ

できる営業パーソンは、表に現われる部分＝TO DOと隠れる裏の部分＝TO BEの差が大きい

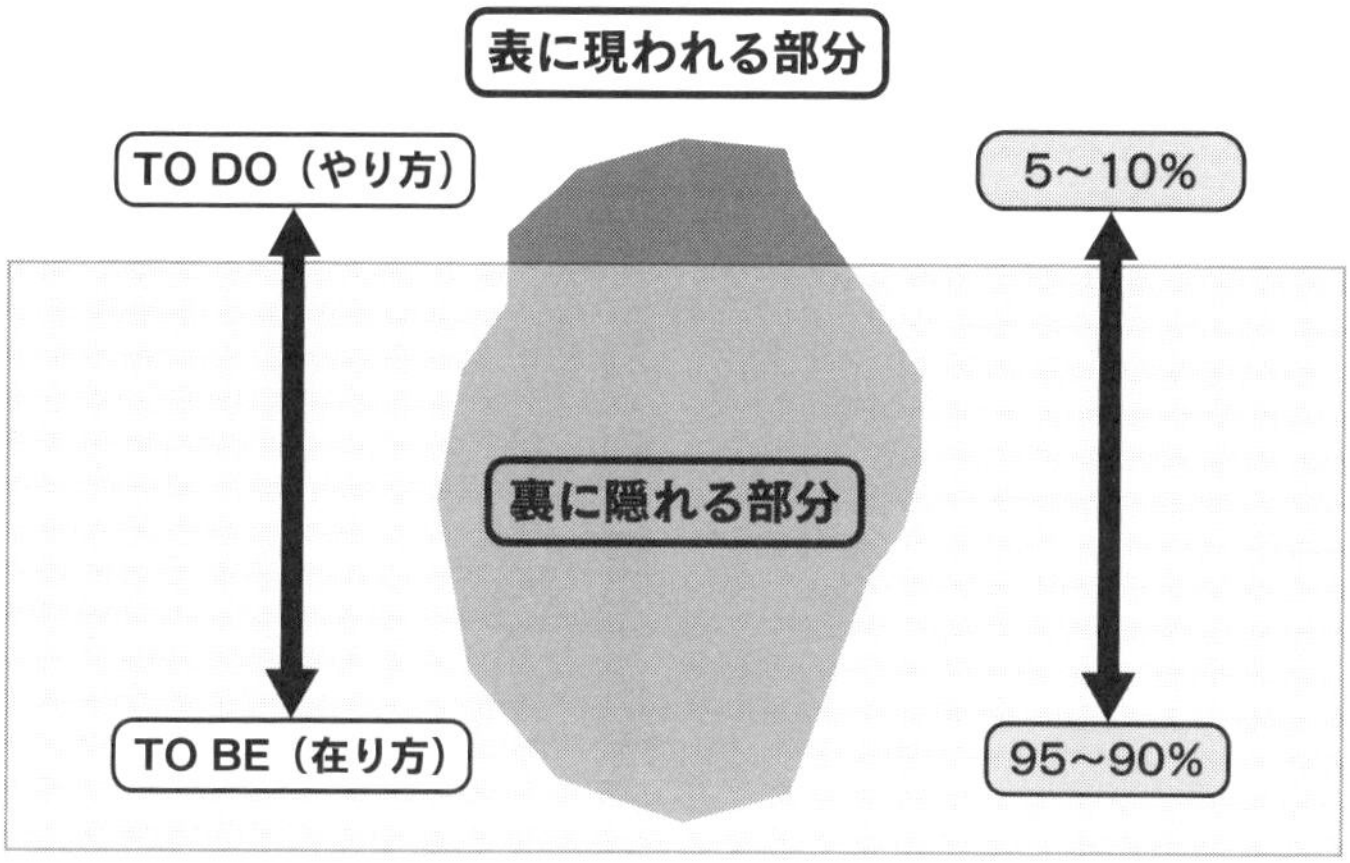

ります。行動や言動などもこれに当たります。

「氷山の一角」「一事が万事」という言葉があるように、他人から目に見えるＴＯ ＤＯの部分は、多くても10％程度、実際は5％程度です。

裏に隠れている部分は、ＴＯ ＢＥ（在り方）といわれる部分で、なぜそのやり方をするのか、そのやり方はどのように生み出したのか、何を意識した行動なのか、などです。

高業績を上げる行動をしていくためには、この裏に隠れる思考の部分を鍛える必要があります。

3

「正解探し」から「臨機応変」の営業パーソンになる

机上で99％考え抜くと仮説・自説が磨かれる

私がビジネスパーソンとしての第一歩を踏み出した会社はオーナー企業で、日頃より、トップ自ら「徹底して考え抜け」と指導されてきました。何の準備もなく、何となく営業活動に行くことを厳しく叱咤され続けました。

おかげさまで、今では「考える」ということが身体に染みついたようです。

例えば、ある商談や交渉の報告で、少しでも劣勢に立たされたという報告をすると、決まって言われた言葉が、「**机上で99％考えろ！　本番では1％の勝負ポイントに集中し**

ろ！」というものです。

この言葉は、今となっては、とても納得できることなのですが、当時は、営業は、お客様に会っている時間にこそ価値があると思い込んでいたこともあり、机上で考えることの本当の価値が理解できていなかったのだと反省しています。

ある商談では、急激な円高によって、当初の納品価格から、値上げを交渉しに行かなくてはならなくなりました。社業に大きく影響を与える値上げ交渉だったため、値上げ交渉が決裂することは許されませんでした。合意に至らなければ、生産中止になる可能性もあり、お客様にご迷惑をかけることにもなります。

もちろん、事前に机上で99％詰め、「1ドルの値上げをぶつけて、落としどころは両社痛み分けで0・5ドルずつ分け合う」というシナリオを書き上げて、交渉に臨みました。

結果、値上げ交渉の商談は成立しました。重責を果たし、晴れ晴れとした気分で報告に向かったところ、経営トップから返ってきた言葉は「予定調和だな!? なんで折半なんだ。最後の最後にもう1セントだけでも上乗せさせてもらう交渉を、なぜしてこなかったんだ？」という想定外のものでした。

そして、「1セントに予定の生産予定台数をかけ算してみろ。いくらになる？　ざっと超高級外車1台分じゃないか？」「お前は考えが足りないから、そんな交渉をしてきたんだぞ」とも言われ、ぐうの音も出ませんでした。

返す言葉もありませんでしたね。確かにその通りだったからです。きっとお褒めの言葉をいただけるものと思っていたところに、見事なダメ出しでした。

これは、**ギリギリまで「自頭」で考える**ことの大切さを教えてもらった苦い経験でした（後日談ですが、その後、いろいろとシミュレーションを繰り返して準備し、タイミングを見計らってお客様にご協力をお願いし、プラス5セントの値上げ交渉を成立させることができました。最後まであきらめてはいけないというよい教訓です）。

このように、机上で考え尽くすことは、商談・交渉を成功させるための事前準備であり、成果を出すためには欠かせないものだということを、身をもって学びました。

また、いろいろと考え抜くことで、事前準備が進み、自分なりの考え方（仮説や自説）が磨かれることにもなりました。

「予定調和」は「思考停止」のはじまり

「予定調和」の営業活動とは、いろいろな可能性を考えることなく、「これまでこうだから」「一般的にはこうだから」「常識的にはこうだから」などと、安易に同調していってしまうことをいいます。

「予定調和」に慣れてしまうと、考えること自体を放棄してしまうことにもつながります。あらかじめ、ある程度の落としどころや答えがあるものと思ってしまうと、自ら考えるクセがなくなります。すると、自分は考えているつもりでも、周りから見れば全く考えていない状態に陥ってしまうのです。

そのような状態は、主に以下の3つに分類されます。

思考停止の状態…考えているようで、1つの答えしか浮かばない
勝手思考の状態…考えているようで、自分の答えにだけ固執してしまう
自動思考の状態…考えているようで、いつもの自分で無意識に安直に反応しているだけ

思考は、周りの人には、見えないものです。だから、指導されることも少ないのです。いつも同じ行動に陥って進化がないのは、思考スイッチが上手に機能していないからです。ぜひ思考スイッチを磨いて、お客様の要望に自在に応えられる、臨機応変な営業パーソンを目指していきましょう。

常に工夫のある営業を！

お客様から選ばれ続ける営業パーソンは、**短い時間でたくさんの回答オプションを考える力**を日頃から鍛えています。一問一答型の対応ではなく、一問多答型の対応を心がけ、1つの課題に常にオプションを考えるクセが身についています。

そのためには、日頃から興味関心のアンテナを高く張っておき、思考スイッチを常に全開にして、さまざまな可能性を自ら追求しておく必要があります。

お客様にとって価値ある存在の営業パーソンになるためには、どんなテーマにも反応できなくてはいけません。

新人営業パーソンの頃は、誰でも「日経新聞を読め」と指導されるものです。なぜ日経新聞に毎朝目を通しておかなければならないかといえば、それは世の中の動静に敏感な営業パーソンでいるためです。

「今朝の新聞の〇〇ってホントなの？」「今朝の新聞の△△の記事についてどう思う？」と、お客様に振られて、「さあ、不勉強でよくわかりません」と会話についていけないようでは、思考スイッチは全く機能していません。

「私も気になったんですよ。知り合いに詳しい背景など聞いてみますので、何かつかんだら共有させていただきますね。〇〇さんは、どこが気にかかりましたか？」

さあ、あなただったら、どちらタイプの営業パーソンを信頼するでしょうか？

お客様から選ばれ続ける営業パーソンは、常に対応オプションを複数個持っているものです。

1つの問いに、最低3つのオプションを考える訓練を普段から行なってください。思考スイッチを磨き、常に工夫を怠らない営業活動ができる人になりましょう。

お客様の期待を超える工夫をする

思考スイッチが入っていれば、お客様の期待を超えるチャンスは、いつでもあります。例えば、以下のような例があります。

・捺印済み契約書の準備

例えば、ＩＴ関連のベンチャー企業時代のこと、お客様の情報システムのセキュリティについてヒアリングを行なっていた際、ちょっとお客様の口が重いなと感じたので、持参してあった機密保持契約書（当方の押印済み）をお渡しして、「これをお預けするので、これを締結した前提でお話いただけると助かります」とお伝えしました。

すると、いたく感動していただき、当方へ委託するための細かい条件などもお話いただき、後日無事に商談が成立する運びとなりました（現在では、社内ルールなどが厳しく同様のことができないかもしれないので、もっと違う手で、先回りをする必要があるかもしれませんね）。

・稟議書作成の代行

また、ある開発型ベンチャー企業では、世界で初めての商品なので、お客様が気に入っても社内で上手に説明することができず、予算を獲得することに困難を極めていました。

そこで、お客様の会社の内部の稟議書類を代行して作成させていただくサポートを申し出たところ、交渉が一気にスムーズに進みました。


いい商品であっても、社内を説得する手間や労力をかけているうちに、段々面倒になってしまうという担当者もいます。この一歩踏み込んだ関わりのつくり方も、「正解」にとらわれずに、「最適解」を探す思考スイッチが入っていればこそできたことです。

思考スイッチを入れることで、なんとなく動くことをやめ、常に動きながら「考える」という習慣を身につけましょう。

お客様以上にお客様のことを「考える」ことが習慣化していけば、お客様から課題解決のチャンスをいただける機会が増えていくでしょう。その結果として、お客様から選ばれ続ける営業パーソンとなることができるのです。

4

高いパフォーマンスを生み出す「考える」習慣

思考スイッチは、営業パーソンのパフォーマンス（成果）の高さを左右します。

それは、ある大手企業の営業部門の強化研修でのことでした。業績のいい、いわゆるハイパフォーマー群と業績があまりよくない、いわゆるローパフォーマーを比較しながら、その差はどこにあるのかをあぶり出したいというお客様のリクエストをいただき、研修を企画しました。

さて、その2つの群での顕著な違いは何だったと思いますか？

受講する側には、気づかれないようにできうる限りの配慮をしたうえ、相対的に観察しながら研修を進めていくと、面白い差が見えてきました。

その研修で、2つのグループに顕著に表われた差は、次の3つの点においてでした。

1つ目は、「**即応力**」。つまり反応が速いということです。

即応力といったら、どのくらいの反応スピードだと思いますか？　お客様や上司などからの問いかけに、皆さんはどのくらい素早く反応していますか？　私が即応力が高い人と判断するのは、「1秒以内」の反応ができる人に対してです。

高業績者は、100％即応力が高いです。

さらに、「オプションを提供する力」も備えています。自分の対応に対して、相手の反応を伺いながら、「ちょっと回答がズレているのかなぁ」と判断するや否や、「もしかしてAではなくて、Bについて話したほうがよかったですか？」「場合によってはCというケースもありますが」などと、オプションの回答を提供してきます。

一方、業績が芳しくない人は、こちらの質問や問いかけの意図をしっかりと受け取らず、ズレた回答を平気でしてきます。しかもそのズレに、気づいていないことも問題です。中には反応が速い方もいるのですが、それは「いや……」「でも……」といった言い訳ばかりが目立っていました。残念です。

2つ目は、「**気づき力**」です。これは、変化や差に自ら気づいて、仮説を立てる力です。

受講者はあらかじめ業績順に着席させられるので、席次に規則性はありません。ここでも、高業績者は、「気づき力」を発揮します。「これはどんな席次で並んでいるんですか?」「この席次の意図は?」など、周囲を配慮して、小声で確認しに来ます。もちろん、種明かしはできないので、「それほど深い意味はないよ」とはぐらかそうとすると、その反応を捉え、席次表を見渡しながら、「わかった」と、自分で納得していきます。

一方、低業績者は、そんなことには、全く気づきません。むしろ、周囲の低業績者と比べて、「俺、頑張っているみたい」「俺、意外にできるみたい」と、大きな勘違いをする人もいました。

気づけない人は気づけない。そういう人は、自分の見方が絶対と思ってしまっている傾向が強く、他者の視点を受け入れることができないようです。もったいないことです。

自分一人で気づける領域には、限界があるのですから、いつでも他者の視点にヒントを見出せる謙虚さと柔軟さがほしいですね。

余談ですが、年齢を重ねていくにつれ、「気づき力」が落ちていってしまう方がいます。頭の善し悪しではなく、自分を取り巻く状況や環境への興味・関心が減っていき、当たり前化してしまっていることが原因のようです。

「知ってるよ」「わかってるよ」「今さらなんだよ」と決めつけてしまっていては、「気づき力」はどんどん退化していきます。これももったいない話です。

営業パーソンとしては、あらゆる出来事から謙虚に「気づき」を得て、それをさらに自身の成長エネルギーに変える力、つまり「気づき力」をしっかり育んでいきたいですね。

3つ目は、「**場数力**」です。しっかりと場数を踏んでいくことができる力のことです。

大勢のお客様を前にするプレゼンテーションや重要な会議での報告や提案の機会など、ここぞという場面でうまくできなかった人が振り返ってよく言う言葉があります。

「もっと場数を踏まなければダメですね」「まだまだ場数が足らないですね」

はたして、本当にそうでしょうか？　私は、彼らは「場数」の真意がわかっていないのだろうと思います。

「場数」とは、目的意識をしっかりと持ち、事前準備に余念がなく、与えられた機会にベストを尽くすことで得られる、「その場」そのもののことをいいます。

準備もそこそこに、うまくいかないのは当たり前。それは「場数」にはカウントされません。それは単なる「バカな数」なのです。

「場数力」は、言い換えれば、1回1回、自分の持てる力を精一杯発揮して、事に当たる力です。そのためには、普段から仮説を立てながら、「自分だったらどうするか」ということを思考しておく必要あります。

実際に経験しなくても、イメージしておくことで、場数は養えます。お客様との貴重な商談を「バカな数」にせず「場数」にするために、思考スイッチを入れていきましょう。

3章

営業活動を効果的に加速させていく！「必達スイッチ」

スイッチ②

必達スイッチ

「どこに狙いを定め、どんな工夫をして行動するのか？　必達スイッチは営業活動を効果的に加速させていくための起動装置のようなもの。」

「営業スイッチ！」２つ目のスイッチは、必達スイッチです。

１つ目の思考スイッチも、実際に行動に移さなければ、成果にはつながらず、営業パーソンとしての実力も上がっていきません。

必達スイッチは、成果を生み出す効果的な営業活動をしていくために「決めたことを必ずやり遂げる」スイッチです。

営業パーソンには、必ず予算という目標があり、その目標達成、ノルマ達成といったことは、避けて通れません。

上司や周囲の期待が上がれば上がるほど、要求される目標数字はアップしていき、達成し続けるために、さまざまな努力と工夫が必要になってきます。

時に、高すぎる目標設定に気持ちが萎えてしまいそうになることもあるでしょう。そんな状況下でも、目標につぶされることなく、自分らしく営業活動を実践していき、納得いく結果をつくり出しましょう。

何よりも重要なのは、どう目標を決めるかです。周囲の期待が上がっていく中で、結果を出し続けるためには、どのような目標設定がいいか、その達成行動の起こし方から記録のつくり方まで、それらを必ずやり切る営業パーソンを目指しましょう。

1 「思考スイッチ」と表裏一体の「必達スイッチ」

狙いを定めて成果を出すための4つの循環

2章では、闇雲に行動する前に、思考すること（「感じる・気づく」→「考える」）についてお伝えしました。営業パーソンとして、主体的な思考に磨きがかかってくれば、それをいかに効果的に行動につなげて、成果に結びつけるかが大切となってきます。

次ページの図のように、必達スイッチは、2章でお伝えした「**思考スイッチと表裏一体の関係**」にあります。

必達するということは、「決めたことを必ずやり遂げる」ということです。思考スイッ

必達スイッチは思考スイッチと表裏一体

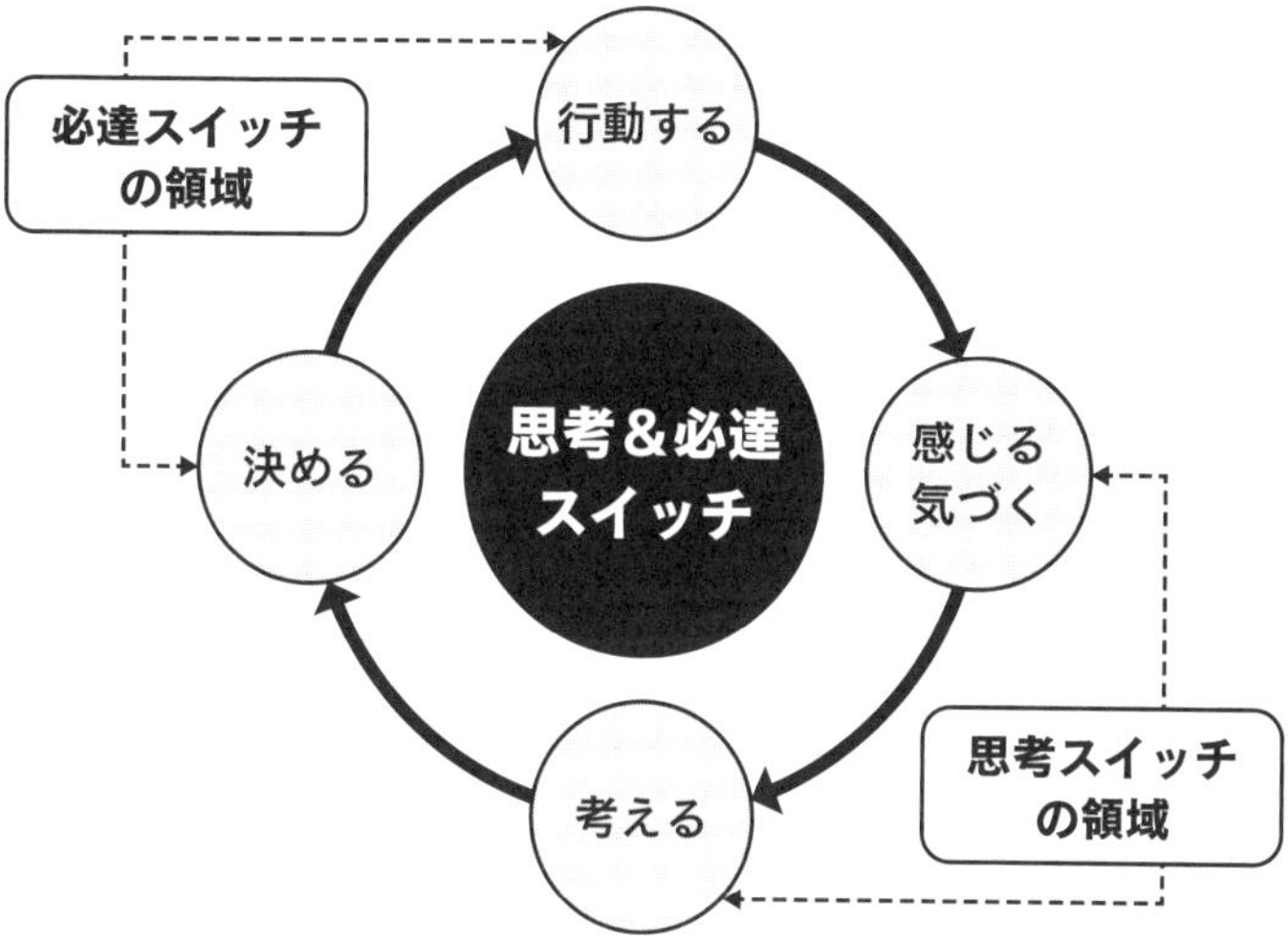

チで「仮説で立てたこと」「イメージしたこと」「想定したこと」を実現できるまで、主体的に行動し続けることです。

必達行動の基本とは、「決め」て「行動する」ことです。

思考スイッチでいろいろと考えたことも、行動に移さなければ、何の意味もありません。

しかし、考えていたことを行動に移し、結果をつくるのは簡単なことではありません。

何も考えずに、ただ一所懸命に行動してみることも時に大切ではありますが、その行動を起こす前に、自ら「決める」ことが重要です。その決め方が甘ければ、行動そのものの量や質が低下します。さらには、「感じる・気づく」「考える」量と質の低下へも影響してしまいます。

自頭で思考し、決めることができれば、必ず主体的な行動が生まれます。他人に決められ、自分で考える余地がないような場合は、受け身になりやすいものです。

営業活動においても、目標を自ら決めれば、達成に向けた行動の量と質を主体的に上げていこうと行動できます。

たとえ行動がうまくいかなかったときでも、何が足らなかったか、どんな行動が求められていたのかなどを振り返って「感じる・気づく」「考える」ことで、次に同様なことが起こったときにとるべき、さまざまな行動の選択肢を増やしておくことができます。

常日頃から、この「決める」「行動する」→「感じる・気づく」「考える」の2つのスイッチを連動させることができれば、何か想定外の出来事が起こったときでも、どんな行動をとることが有効かを、その選択肢から決めることができ、素早く次の行動に移すことができるようになります。

思考スイッチと必達スイッチ、2つのスイッチが連動して、4つの要素（決める→行動する→感じる・気づく→考える）が回転し出すと、目標達成スピードが劇的にアップします。**お客様から一目置かれる営業パーソンは、この回転数が、並の営業パーソンに比べてとてつもなく早い**のです。

2

「結果」と「成果」、「目的」と「目標」の違い

「結果」に一喜一憂せず、「成果」に焦点を当てよ

皆さんは、「成果」と「結果」の違いがわかりますか？

次ページの図を見てください。「成果」とは、**「結果」が出たときに、そこまでにどのくらいの〝変化量〟を生み出すことができたか**です。

全く同じ「結果」が出ている2人の営業パーソンがいても、「成果」の積み上げ方は違います。「成果」によっては、その後「結果」を生み出し続けられるか、たまたま出た「結果」で終わってしまうのかが、決まってきます。

目的・目標を達成するために変化量を意識せよ

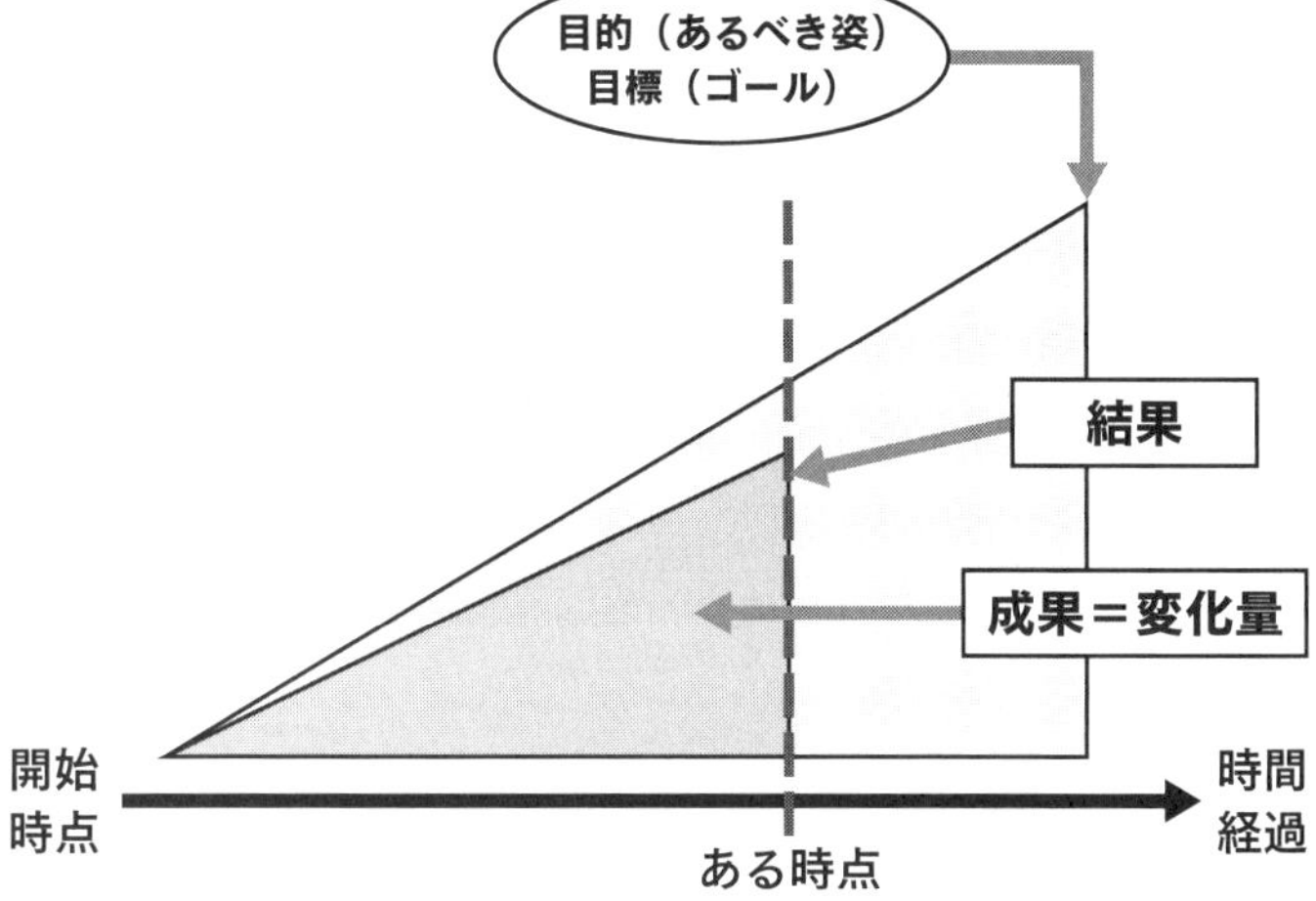

目的（自分の描いたあるべき姿）に向かって行動する場合であれ、ノルマという目標（ゴール）へ向かって行動する場合であれ、「結果」ばかりに目を奪われていてはダメです。その過程で、どんな「成果」が生み出せたのかに注目することが大切です。

「勝ちに不思議な勝ちあり、負けに不思議な負けなし」（野村克也・元東北楽天監督）という言葉を聞いたことがありますか？

うまくいっているときは、たまたまということも多々あります。思ったように結果が出ていないときほど、何か大事なことや足りないことを気づくきっかけとなります。

営業パーソンは、**営業数字の「結果」に一喜一憂せず、自分の定めた狙いに向かって、「成果＝日々の変化量」に焦点を当てて行動していく**ことが大事です。

「目的」「目標」を混同しない

営業パーソンの「目的」って、何でしょうか？

お客様に○○円買ってもらうこと、と考えている人はいませんか？

これは、あくまで「目標」の1つではありますが、「目的」ではありません。

営業パーソンの「目的」は、お客様からの信頼・信用を勝ち取ることです。その「目的」を達成するための道標として、さまざまな「目標」を設定しているのです。「○○円買っていただく」も「○日までに提案する」も「目標」設定の1つです。

営業目標をクリアするために、これをやれば大丈夫という**唯一絶対の行動法則などは存**

在しません。試行錯誤やトライ・アンド・エラーの連続の中から、自分独自の行動法則を一つひとつ積み上げていきましょう。それが「成果を上げる」ということなのです。

お客様からの信頼・信用を勝ち取り、商品を購入していただくために、商談記録をとり、時に振り返ってみてください。

契約に至るまで、どのぐらいの訪問回数だったか？　何回ぐらい提案をしたか？　情報提供の質はもっと上げられないか？　サンプルの提供はできなかったか？　接触回数は十分か？　など、営業プロセスの中に、さまざまなクリアすべき課題を見つけることができれば、必達スイッチを起動すべきテーマが絞り込めてきます。

営業パーソンとして「目的」を定め、その実現のためにどのような「目標」を設定するのがよいかを考え、自ら決めていきましょう。

3 「マイベストセールス」を常に狙う

売上の数字だけに惑わされない

いくら売ったか、どのくらい稼いだか？

営業パーソンは、商売の金額の数字で、その価値を決められてしまう傾向があります。

しかし、**そんな数字は、フィールドが変われば、全く意味を持たない**のです。ある広告会社で、年間2億円を売ってトップセールスだという人と、あるメーカーで、年間150億円のビジネスをつくったトップセールスと、どちらが素晴らしい営業パーソンかなどは、簡単には決められない問題です。

つまり、無意味な比較に惑わされないことが大事なのです。

トップセールスとは、あくまで相対的な比較でしかなく、**絶対的なものではない**と心得ておきましょう。

トップセールスを奪取できるような営業パーソンは、社内外で一目置かれ、お客様との関係も良好な方が多いのも事実ですが、「トップセールス＝お客様から一目置かれ、選び続けられる営業パーソン」という公式は、すべてに当てはまるわけではないことを知っておいてほしいのです。

我われ営業パーソンが真に目指すべきゴールはトップセールスではなく、お客様にとって、いかにいい営業パーソンであるかということです。

お客様にとって価値ある存在になれば、トップセールスでなくても、唯一無二のグッドセールスになれます。そのためには、Ｗｉｎ－Ｗｉｎの関係をつくり出せる「グッドセールス」を常に目指した行動をすることが大切です。

あなたの「マイベストセールス」は？

お客様から一目置かれ、選ばれ続ける営業パーソンを目指すには、**常に自分のベストセールスにこだわっていきたい**ものです。

あなたのベストセールスを振り返ってみてください。

いつ頃の、どんなセールスでしたか？

たまたま買う気満々のお客様から入った連絡を自分が受け、ラッキーにもトントン拍子に話が進み、契約に至ったといったケースが、自分のベストセールスに挙がったでしょうか？ それとも契約金額が過去最高ならば、ベストセールなのでしょうか？

きっと、そのようなセールスは、マイベストセールスには、挙がってこなかったのではないでしょうか。

最高のセールスとは、いろいろと苦労しながらも、自分の知恵と努力とあきらめない気持ちで挑み続けて、その結果として得られたセールス体験だったのではないかと思います。

自分がグッドセールスとして、想いを込めて、一所懸命進めていったセールスこそ、間違いなく、最高のマイベストセールスなのです。
まだ最高のセールスがない方は、ぜひ、今取り組んでいる仕事をベストセールスにできるようにもっと挑戦していきましょう。

時に、ベストセールスは、あなたを一回り成長させてくれた体験かもしれません。時に、会社を危機から救うような体験かもしれません。いずれにせよ、思い出に残るベストセールス体験は、あなたが自分らしく最も輝ける状態をつくり出す契機となってくれるはずです。

さて、もう1つ振り返ってほしいことがあります。あなたが考えたベストセールスを実現するにあたって、**あなたを突き動かしていた「原動力」とは何だったか？**　ということです。
私にも、ベストセールスの原動力がいくつかあります。例えば、「新しいビジネスをつくる」とか、「難しい商談を決める」といったことです。また、セールスが決まることによる**「波及効果の大きさ」**もその1つです。

私が「波及効果の大きさ」を感じたベストセールスについてご紹介しましょう。

ＩＴ技術を駆使した映像サービスを低価格で提供する仕組みを販売するビジネス支援をしていたときのこと。営業対象企業は、全業種、全企業です。各業界の大手から順番に、テレアポ活動を実践していきました。突然の営業電話に、門前払いのお客様も多く、なかなか成約までには至らず、苦戦していました。

新しい技術やサービスは、認知していただけるまでに時間がかかるものです。大々的に広告をする予算もない中、お客様に「こんな商品があるんだ」「こんな使い方ができるんだ」と広く認知してもらうための営業活動が急務となっていました。

そんな折、あるＦＭラジオ局とのコンタクトがとれ、ぜひ話を聞きたいとの申し入れがあったのです。

私は、「ここが勝負」と、なんとしてもベストセールスを決めようと、いくつかのプランを考え、その映像サービスを応用した企画提案を立案し、無事に企画が通り、商談が成立しました。

具体的には、そのFMラジオ番組に出演したアーティストにその場で映像協力していただき、番組終了とともに、その映像を加工して、HPにタイムリーにアップするというものです。収益的には厳しい企画でしたが、その映像サービスを活用したユニークな企画としての影響力は抜群でした。

その後、その企画は多くの潜在ユーザーに広く認知され、テレアポも容易になっていきました。他の営業パーソン達が、テレアポでつながったお客様との関係をしっかりと構築していき、さまざまな映像サービスの企画相談が舞い込むようにもなっていったのです。

新しいビジネスが立ち上がっていく際のトリガーとなる商談を成立させたときは、達成感と期待感で、何とも言えない高揚感を得たことを覚えています。

ベストセールスとは、なんとしても成し遂げたいと自分で決めた必達のゴールに向けて、自分なりに努力を重ねて「成果」を得られたからこそ生まれるものです。だからこそ、目の前の売上結果に一喜一憂せず、ぶれない営業活動が大事になってくるのです。

4

成果を数値化する

プロなら自分の記録達成にこだわれ！

プロフェッショナルとして仕事を任されているのであれば、常に己の記録を意識したいものです。

あなたが営業パーソンとしてこだわっている「記録」は何ですか？

どんな些細なことでもいいと思うのですが、営業パーソンとしての成長につながることであれば、必ず記録化することをおすすめします。

記録にこだわれるか否かは大きな差になっていきます。

例えば、髪の毛を切りにヘアサロンへ行ったとき、仕事柄か、私はちょっと意地悪な質問をしてみたくなります。スタイリストの卵の若者は駆け出しの頃、お客様の洗髪をする仕事をよく任されていますが、その若者に質問をしてみます。

「ねぇ、変なこと聞くけど、これまで何人の頭を洗ってきた？　私の頭は今までで何人目？」

ほとんどの方は、「えっ、何人目でしょう……」「数えたことないですねぇ」といった反応です。せっかくのお客様との接点の場を、単なる作業としてしまっていてはもったいないことです。

記録をつければ、自分の仕事を「見える化」できます。見える化できれば、工夫や改善ポイントも見えやすくなります。

考えてみてください。プロ野球の選手が、自分の出場した総試合数やホームラン数、打率、打点、優勝回数など、知らないわけないですよね。もしそのような数字が頭になければ、プロとしてどうかと思いませんか？　プロフェッショナルは、常に数字を意識していく必要があるはずです。

もちろん、打者であれば、プロとしての結果を出すために、素振りや打撃練習をどのくらいやってきたかという記録もつけているはずです。

プロフェッショナルな営業パーソンとして、どのような記録にこだわっていけばよいかというと、結果的にお客様から一目置かれる営業活動につながることであれば、どんなものでも構いません。まずは何でもいいので、記録化する習慣を身につけることからはじめましょう。

例えば、

- **交換した名刺の数**
- **商談、面談の数**
- **飛び込み・テレアポした数**
- **送付したDMの数**
- **考えた企画の数**
- **発行した見積書の数**

・はきつぶした革靴の数
・車で走った距離

など、どのような行動でもいいので、自分がこだわりたい活動を決め、まずは意識的に記録化することからはじめるとよいでしょう。行動の記録を積み上げていくことで、自身の成長が見える化され、自信にもつながっていきます。

さらに定期的に振り返ることで、工夫や改善のポイントが自然に見えてきます。

私自身は、ビジネスで交換した名刺の枚数を記録し続けています。20余年のビジネス経験で、4万枚の名刺交換をさせていただきました。配った名刺は、その2~3倍はあるでしょう。

営業パーソンにとって、ファーストコンタクトである名刺交換、人数や回数を意識的に重ねるたびに、貴重な気づきをもらえるようになりました。面白い形、ユニークなメッセージ、目立たせる工夫、記憶に残してもらうためにトライしているさまざまな工夫に気づきました。

私は、名刺交換の目的は何か？　何のために名刺を交換するのか？　改めて考え直しました。

ビジネスでは、名刺交換は、とても大切なファーストコンタクトの道具。ファーストコンタクトをいかに有効な出会いにできるか？　より効果的な名刺とはどんなものか？　どうすればもっと相手に胸襟を開いてもらえるか？

現在では、それが私のトレードマークの1つである「今月の名刺」（詳しくは170ページ）の実現へとつながっています。これも、記録にこだわり続けてきたからこそ工夫できた1つの事例です。

また、近年は、研修トレーニングの仕事が多いので、「受講者数」「登壇数」という記録にもこだわるようにしています。

研修や講演という形で、接点を持たせていただいた方の数や登壇回数、リピート率など、しっかりと記録し、1年に一度振り返りをして、翌年以降の改善につなげています。

営業パーソンとして、自分の仕事の記録にこだわっていくことは、プロとして当然のことなのです。

結果を出すための行動量を数値化する

常にベストセールスを意識して、お客様の期待値を大きく超えていけば、必ずお客様から一目置かれる存在になれます。

まずは、お客様の期待を超えるために有効と思われるであろう具体的行動を決めていく必要があります。そして、その**具体的行動に目標設定をして、達成へ向けて行動していく中で、工夫を繰り返していく**こと、それが必達スイッチの極意です。

お客様に自分自身の営業パーソンとしての存在価値を認めてもらえることにつながるものであれば、どんなことを目標に設定しても構いません。

例えば、お客様との「面談数」を目標に設定したとします。

必ず1週間に1回コンタクトをすること、接触方法は直接面談、電話、メールなど、どんなものでもいいと決めれば、それぞれの接触方法によって、どんな接触が有効なのか、いろいろと考えながら営業活動を進めていくはずです。

何も用事がないのに、電話を入れる営業パーソンもいないでしょうから、接触回数を上げるために、何らかの情報を仕入れたりすることになります。

メールよりは直接接触するほうが有効そうだとわかってくれれば、あえて1枚のチラシを持参したり、ノベルティを持参したり、社内報を持参したりします。

お客様の時間を浪費させず、「**また来ていいよ**」と言われる営業パーソンになるには、どの程度の接触回数が必要かというと、まず自分なりの経験を積んでおくことが必須です。

次の目標設定は、この実績をベースとします。おおよその目標値が見えたら、今度は、それを超える実績を出すために、どのような目標設定をすればよいかを考えて決めます。

例えば、前回の実績では3カ月で10回の接触ができ、お客様とよい信頼関係が築けたと判断できたとしたら、次の目標設定は、信頼構築までの期間を短く2カ月と設定したり、回数を少なくして5回と設定するなど、よりチャレンジングな設定をしていくとよいでしょう。

このような行動を数値化した目標設定を行ない、具体的な行動量（数値）を積むことによって、次の目標設定を書き換えていきます。

思考スイッチと必達スイッチを連動させ続けていくことが、結果を出し続けるために重要なことなのです。

「量」の稽古が「質」を生み出す

どんなことであれ、絶対的な「量」を積まなければ、「質」は生まれてきません。どの程度の量を積めばよいかは、人によっても違いますし、それまで積み上げてきた場数によっても違います。

私が「量稽古」の指標としている考え方がいくつかありますので、ご紹介します。

1つ目は、以前、柔道の指導者をしている知人から、教えてもらった話です。

新しい技を1つ身につけ、試合で得意技として出せるようになるためには、どのくらいの稽古が必要なのでしょうか？

例えば、背負い投げという技を得意技として習得したいと決めたとします。大会まで3カ月、毎日1000本、愚直に新しい技の反復練習を行ないます。それでも試合では、やっと一度出せるか否か、というほどの量稽古をするそうです。

自分で使いこなせるまで、試合後も、稽古を継続していくことで、やがて自分の得意技になるというのです。

2つ目は、白熱電球の発明者エジソンのエピソードです。

「天才は99％の努力と1％のひらめきだ」という有名な言葉がありますが、白熱電球の開発とは、長時間にわたって発光し続けられるフィラメントの材料探しだったようです。

素材を探していたエジソンが、最後に行き着いた素材は、日本の竹でした。移動や輸送の手段も限られていた19世紀後半に、日本の竹に行き着くまでに、いったいどのくらいの素材をチャレンジしたのでしょうか？　一説によると、4000～5000種類はチャレンジしたそうです。

「天才は99％の努力と1％のひらめきだ」という「努力」の量は、私の想像をはるかに超える数字でした。

どちらのエピソードも、1000の単位での圧倒的な絶対量を積み上げ、「1つの得意技」「1％のひらめき」を得るという例です。

お客様からの絶対的な信頼や信用を得るために、どのくらいの量稽古が必要か、今一度、自分の基準を考えてみてください。

節目を超えれば、反応が変わる

営業パーソンとしての能力が一段レベルアップして、周囲も認めるような変化が生まれてくるまでのステップがあります。成長には、「節目」があるのです。
ポイントは**3日、21日、90日**という数字です。これはビジネス本を読んだり、いい話を聞いたり、研修を受講したり、何かのきっかけで自分の行動を変えていこうと決めて動きはじめれば、誰にでもやってくる、乗り越えていかなければならない節目です。

決めてから**3日目**は、「三日坊主」ともいうように、**継続が難しくなる**節目です。私も、これまで、手帳の使い方を変えたり、メモのとり方を変えたり、ノートの分類を変えたり……。「これいいぞ」と思ってはじめても、後で振り返ってみれば、なんとなく忙しくていつの間にか数日でやめてしまいます。

まずはこの3日間をうまく越えていく必要があります。そのためには、**何がなんでも1週間続けると決めてスタートする**ことです。決められなかったら、はじめからやらないほうがマシです。

そして、次の節目が、**21日目**の壁です。はじめの1週間が続けられれば、次の2週間は頑張れるものです。そして、2週間が終わる頃、なかなか思うような変化が出ないと、やっていることに疑問を感じたりします。そして、続かなくなります。

この時期は、**はじめたことを続けて、習慣にする**時期です。どんなことも無意識でできるようになるレベルには、最低3週間が必要といわれます。

21日目の壁を越えると、次は**90日**です。90日は、**レベルアップを自覚する**節目です。

21日以降は、習慣化した行動を繰り返していくことになります。本人的には、一進一退を繰り返していき、停滞する時期もあるのですが、既に習慣化された行動ですので、続けていきやすくなっています。

すると、あるとき、ぐっと能力が伸びて、ステージが変わるタイミングがきます。これは人によっても違いがありますが、45日目の人も、60日目の人も、75日目の人もいます。


いずれにせよ、自覚できるような変化が生まれるのが、この期間です。この期間で、多くのことに気づき、学習します。そして、学んだことは確実に自分のものになり、周囲の反応も必ず変わってきます。

いろいろなダイエットプログラムなども、90日（3カ月）で結果が出るというものが多いのもうなずけます。


次ページの図は、続けることの意義を視覚化したものです。

スタート地点は数字の「1」。毎日、ほんの少しのプラスの変化を生み出していくという意味で「1・01」をかけ算していきます。

90回（90日）かけ算を繰り返していくと、「2・45」になります。つまり、現状から2・45倍能力がアップしたともいえます。

「昨日の自分」より、「0.01」の微力差を生み出し続けよう

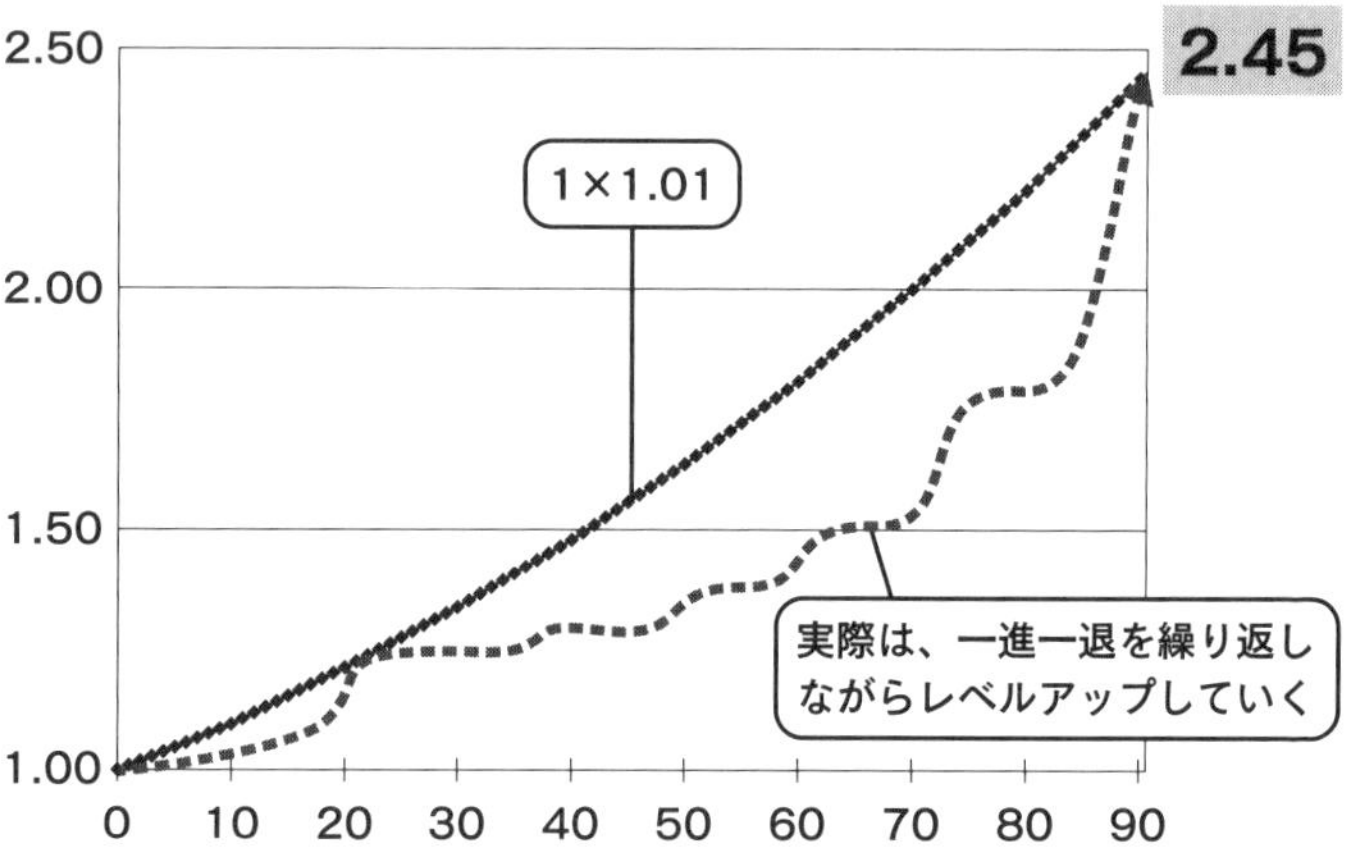

実際は、計算式のようなきれいな右肩上がりにはならず、一進一退を繰り返しながら上がっていく点線のようになると思います。

「継続は力なり」とはいいますが、それは闇雲に頑張り続けることではなく、**「昨日の自分」より、ほんの「0・01」の微力差を意識的に生み出し続ける**ことなのです。

5 有言実行でやり切る

プロセスで一喜一憂しない

営業パーソンの究極の目標は、お客様からの確固たる信頼を勝ち取ることです。商談を積み重ねていく中で、さまざまな事情により、受注という結果に至らないこともあるでしょう。それでも、腐らず、お客様へ自分の役割を果たし、次のチャンスをいただけるように、誠心誠意尽くすことです。

営業パーソンにとって、当然、購入してもらえる相手はとても大切な存在です。「お客様は神様です」という言葉がありますが、買ってもらえるか否かがすべての判断軸になってしまいがちなのも、よくわかります。

しかし、営業という仕事を生業にしていくのであれば、お客様に高付加価値を提供することが本分です。

そのためには、**決めたことは必ずやり切る覚悟**が大切です。

ビジネスにおいて、どんな人が信頼できる人だと思いますか？　何でも簡単に「はいはい」と言っているような人が信頼できますか？　安易に安請け合いをしているようで、ちょっと信頼できませんよね。

営業パーソンは、つい購入してほしいがために、何でも「はいはい」と安請け合いしてしまう傾向があります。

私は、「有言実行」の人が一番信頼を勝ち取ることができる人だと思っています。それは、自分で言ったことをなんとしても達成しようと努力を怠らない人です。

もちろん、言ったことを1回で完璧に実践できればよいのですが、世の中そんなに甘くないものです。自分で言ったことを実現するためには、何度も何度もトライ・アンド・エラーを繰り返していく必要があります。その努力を惜しまない人こそ、真の「有言実行」の人です。

営業という仕事は、誠意を尽くす仕事といわれます。「誠意」という言葉の意味は、漢字の通り、「言」を「成」す「意識」を持つという意味です。要するに、言ったことは必ず守ろうとする行為です。

お客様満足を掲げていない会社はない。
お客様満足を目指さない営業パーソンもいない。

これらの「有言」を「実行」するということは、お客様のお役に立てると提案したことを、お役に立つまでやり切ることです。

例えば、一度表示した価格は安易に変更せず、貫き通すことも必要です。競合他社に、条件面で劣っていることがあれば、会社を動かしてでも、顧客満足を得られるところまで引き上げようとする努力を惜しまないことです。足りないことがあれば、知恵を使って穴埋めしようと尽力することです。この行動ができるか、できないかの差は大きいものです。

一見手間と時間のかかる、面倒なことのように思われたかもしれませんが、長い目で見れば、営業パーソンであるあなたと、あなたの会社に対するお客様からの信頼は、確実に築かれていくことになります。

必達スイッチを入れるということは、有言実行する営業パーソンとして、お客様からの絶対的な信頼を獲得することなのです。

4章

転んでもただでは起きない！
「メンタフスイッチ」

スイッチ③

メンタフスイッチ

生まれながらに「メンタフ＝メンタルがタフ」な人はいません。売上や相手に振り回されないメンタフスイッチの鍛え方をお伝えします。

「営業スイッチ！」３つ目のスイッチは、メンタフスイッチです。

メンタフとは、「メンタルタフネス」の略で、営業パーソンとして、打たれ強さを手に入れ、逆境に負けないメンタルを育むことです。

お客様から一目置かれ、選び続けられる営業パーソンであるために、いかなる状況でも、強い心を持って、さまざまな逆境に打ち克つために入れるスイッチのことです。

想定外の出来事や突然の逆境が目の前に現われたときに、お客様から一目置かれる営業パーソンは、一見動じず、冷静に対応していきます。

いったい、どうすれば動じない姿勢や振る舞いができるでしょうか？

もちろん、生まれながらにメンタフな人はいません。

誰でも、不安や恐れを感じながら営業活動をしています。メンタフスイッチを入れることで、逆境を自分自身の力に変え、前進エネルギーに展開することができているからこそ、動じず、へこたれずに、一歩前へ出ることができるのです。

1 壁と向き合い、「メンタフスイッチ」を鍛えよう

営業の仕事は壁の連続

営業パーソンは、行く手を壁に阻まれることがよくあります。その壁は、時に大きく、時に分厚く、時に得体の知れない壁だったりします。

- 現状を維持したいという保守の壁
- つい避けたくなる逃避の壁
- どうせやっても無理と決めつけるあきらめの壁
- 他人や環境のせいにしてしまう他責の壁

・自信が持てずにいる不安の壁
・なかなかＯＫしてくれない上司の壁

など、さまざまな壁があるでしょう。

営業パーソンに限らず、仕事をしていれば、行く手を阻むさまざまな壁と日々真剣に対峙していかなくてはなりません。

最近は壁を壁と認識したくないから、見て見ぬふりや気がつかないふりをしてしまうビジネスパーソンも少なくありませんが、それは本当にもったいないことです。なぜなら、せっかくの成長の機会を失っているからです。

この多種多様な壁にしっかりと挑めば、**成長というご褒美**が待っています。

なんとなくやりすごしてしまえば、結果的にはその壁から逃げることになり、それらは先々、さらに大きな壁となって、あなたの目の前に再び現われてくることになるでしょう。しかも、より大きな壁となって。

言い逃れせずに壁と向き合え！

営業は、特に壁にぶつかりやすい仕事だと私は思います。壁の連続だといっても過言ではないでしょう。

なぜなら、**営業という仕事は、お客様からも、社内からも、あらゆる無理難題が押し寄せてくるビジネスの結節点であり、言い逃れができない役割**だからです。

そのとき、目の前に現われた壁から逃げずに、いかに自分と向き合えるか？　これが成長し続けられるかどうかの別れ目となります。

ほぼほぼ決まりかけていたＩＴシステム構築の商談でのこと。決裁者の部長の合意は、概ね取り付けていたので、安心していたところ、担当の課長さんから、他社の類似商品の見積りが出てきて、その差は３００万円もあるということでした。調べてみると、その商品とは内容が同じでないことがわかりました。金額の差は妥当だったのです。

その後、説明の機会をいただきましたが、「技術的なことはわからない」の一点張りで交渉に応じてくれませんでした。

既に値引きは限界のところまできていたので、類似の商品の価格に固執するのであれば、これ以上商談は継続することができないという状況でした。私は、「もうこの商談はまとまらないかもしれない」とあきらめの壁にぶつかっていました。

しかしながら、この商談がうまくいかないと、売上見込みが達成できなくなるだけではなく、会社の資金繰りも厳しくなることがわかっていました。ここで自分があきらめてしまったら、期待して待っていてくれるメンバーに申し訳が立たないと、限られた時間の中で、なんとしてでも商談を成立させる手を考えることにしました。

あの手この手と、いろいろな可能性を提示した結果、1つのオプションであれば検討できそうだという内諾がもらえました。製品価格は合わせる代わりに、技術支援サービス費でその差を埋めるという提案で納得していただくことができたのです。

技術支援サービスはもともと提供することを想定したこともあり、当方からすれば、価格を、製品と技術支援サービスに分割するだけのことだったのですが、担当の課長さんは、その提案に前向きに応じてくれ、それなら社内を通せるかもしれないということで、結果的に合意に至りました。

決裂しそうな値引き要求という、一見大きな壁が現われたときでも、自分がやらなくて誰がやるんだと、最後の最後まであきらめないメンタフスイッチを入れ続けることが大事だと知った経験です。

目の前に壁が現われたときに、その壁をどのような壁と捉え、どのような策を考え、どのように乗り越えようと行動するか、その一連の動作があなたの新たな経験を生み、メンタフな営業パーソンへと成長させます。

一度逃げてしまうと、クセになってしまいます。目前の出来事や人が壁だと感じたら、逃げずに挑んでいきましょう!

2 「パフォーマーセルフ」を確立する

誰だって凹むもの。大事なのはいち早くリアルセルフから戻ること

生まれながらにメンタルがタフな人はいません。前項でもお伝えした通り、メンタルタフネスを手に入れるためには、さまざまな壁を乗り越える体験が必要です。

では、メンタフな営業パーソンは、どのようにその壁を乗り越えてきたのでしょうか？

その答えは、**確固たる「パフォーマーセルフ」を確立できているか否か**ということにあります。

パフォーマーセルフとは、「ありたい姿の自分」「成果を上げている自分」のことです。

その対極にあるのが、リアルセルフです。これは、「本当の自分」「いつもの自分」のことです。リアルセルフは誰でも弱いものです。強くなるにはトレーニングしかありません。

次ページの図のように、この「自分の活躍する姿＝パフォーマーセルフ」を明確にしておくことで、成長を加速させることができます。

プロのアスリートやスポーツ選手は、最高の自分をイメージする訓練をし、いつでもその状態であろうとするようにトレーニングを積んでいます。これは、「アファメーション（自己暗示）」とも呼ばれています。

営業パーソンも、「**お客様を喜ばせられるのは、自分だけだ！**」「**自分が最高の営業パーソンだ**」という、高いセルフイメージを確立しておかなければなりません。

パフォーマーセルフに対して、リアルセルフは、弱いものです。失敗するのを恐れ、嫌われるのを恐れるリアルセルフが心の中にいます。

せっかく最高のパフォーマーセルフを抱いても、ちょっとしたうまくいかない出来事

パフォーマーセルフを明確にして成長を加速させる

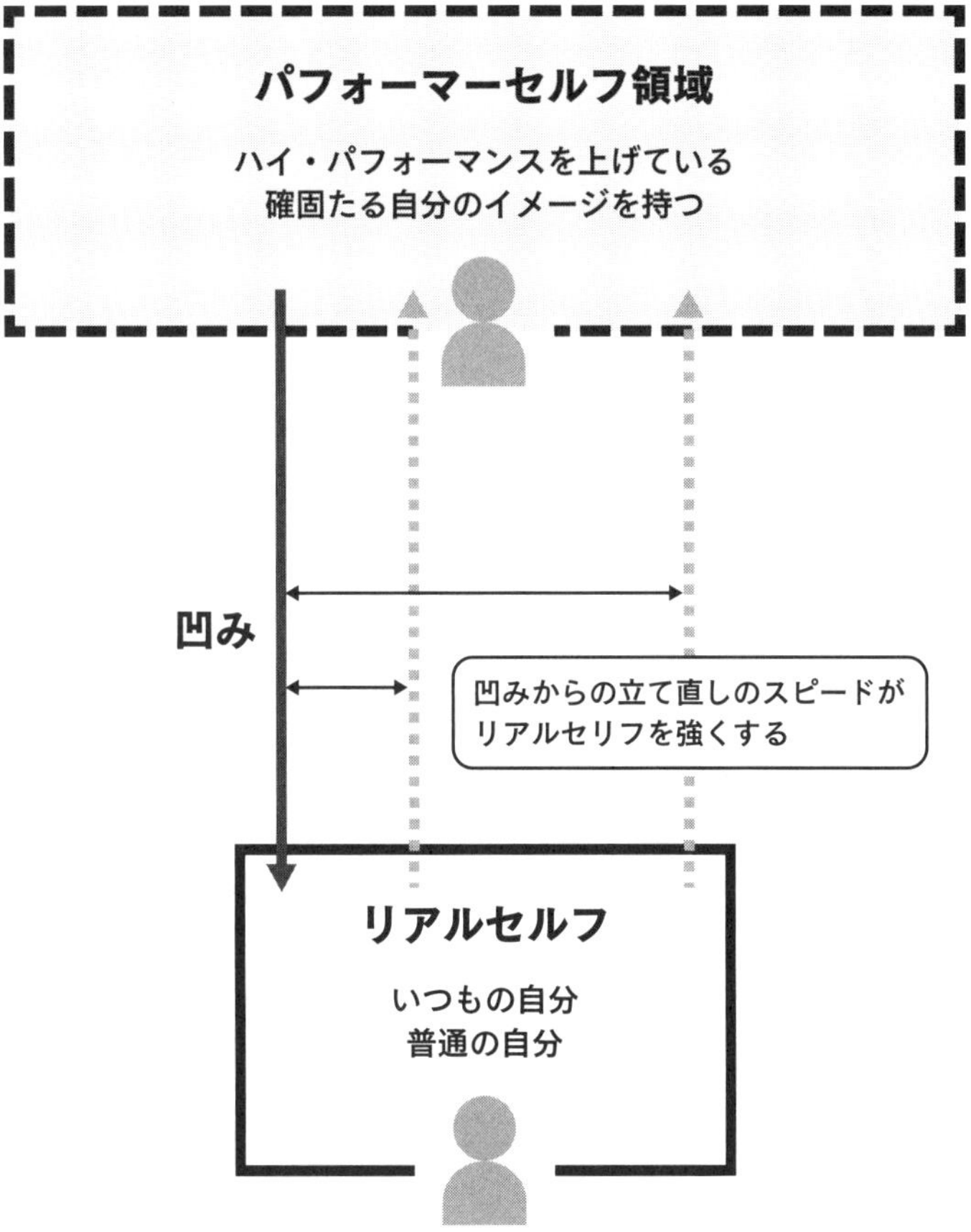

で、すぐにリアルセルフに戻ってしまうものです。それが「凹む」という状態です。

つまり、**表面的には自信満々に見える営業パーソンも、実は誰でも凹む自分と戦っているのです。**

私も駆け出しの頃は何日も凹んだりしたものですが、今では即振り返り・内省を行なうことで、一瞬で戻れるようになりました。

凹むことは当たり前のこととして、**リアルセルフからいかに早くパフォーマーセルフに戻せるか。**それが、メンタフを形成するための極意です。

3 ストレスさえをもエネルギーに変える

ストレスは、マイナスではない

営業の仕事は、とかくストレスが溜まりやすいものです。お客様のご要望やご都合に合わせなくてはならないことや、社内事情などを含めてのお客様対応をしなくてはならない対人関係のストレスも多々あります。

さらに、近年では、スマホやタブレットなど、モバイル端末で常に追いかけられてしまう時間的なストレスなど、さらにストレスフルな状況を感じることも多いと思います。

しかし、ここで考えてもらいたいのは、**ストレスのない仕事はない**ということです。

仕事に限らず、何事も自分の思い描いた通りに進まなければ、ストレスを感じてしまうものです。
営業という仕事は、対人関係を生業にしているがゆえに、人間関係でのストレスを感じはじめてしまうと、なかなかパフォーマンスを上げることができなくなってしまいます。そのため、あらかじめストレスに対する対処方法を身につけておかなくてはなりません。

ただ、私のこれまでの経験値から、**適度なストレスがない仕事は、生産性が上がらない**ものです。この「適度」なストレスというのが曲者ですが、ストレスがかからない状態やストレスがかかりすぎる状態では、逆に生産性は低下してしまいます。

社会人になりたての頃を思い出してください。新しい環境になじむまでは、しばらく時間がかかったのではないですか。学生時代とは違った環境下で、毎日ストレスの連続です。これまで慣れ親しんだ学生というラクな立場から責任ある社会人になるわけですから、緊張もするでしょうし、毎日ヘトヘトになるわけです。

しかし、しばらくすると、段々と慣れてきます。慣れるというよりは、毎日勉強したり、教えてもらったり、さまざまな体験を通じて、感じていたストレスに対する耐性はアップしていき、やがてストレスを感じなくなります。ビジネスパーソンとしての力がついてきたからです。

ストレスはすべて自分のエネルギーに変えられます。

ストレスは「プラスに働く場合」と「マイナスに働く場合」があります。例えば、人は、褒められたときにプラスのエネルギーを受け取る人もいれば、逆に叱られたときにこそプラスのエネルギーを発揮する人がいます。いずれにしても、エネルギーに変えるという点では一緒だということです。

「ストレス＝心的刺激」であることに変わりはないわけですから、その刺激をどのように捉え、どのようにエネルギーに変えられるかが重要です。メンタフな営業パーソンは、**エネルギー転換率が高い人**なのです。

自分に適度な負荷をかけていますか？

では、どのように、エネルギー転換率を上げていけばいいかというと、私は、筋肉を鍛えるのと同じだと思っています。

筋肉は適度な負荷をかけられることで、軽度の筋断裂を誘発します。この筋断裂が起こるから、筋肉痛になるわけです。

人間の身体のメカニズムはよくできており、断裂された筋繊維は、「超回復」といって、適度な休憩と栄養によって、時間とともに復活します。このときは前よりも強くなって復活するため筋肉が強くなるというわけです。細身のプロスポーツの選手が年々身体が大きくなっていくのも、この超回復のメカニズムからです。

営業パーソンも同じです。適度な負荷をかけて、筋断裂を起こさなければ、筋肉は強くなりません。

それは、時に対人関係づくりだったり、プレゼンテーションだったり、企画立案だったり、提案書作成だったり、交渉折衝だったり……。特に自分が苦手だなと思う分野にあえて挑戦し、自分に負荷をかけることで、自分のメンタル面を強化していきましょう。

4

環境依存から脱却せよ！

知らないうちに思考停止・行動停止していないか？

私達は、いろいろな意味で、環境の影響を受けながら成長していきます。一言に「環境」といっても、個人を取り巻く環境はさまざまです。そこには、政治や経済、社会情勢やテクノロジーなど、幅広い影響を受けています。

自分で意識をしなければ、知らず知らずのうちに、環境に依存した生き方を無意識に進んでいくことになります。環境に依存していれば、そのうちに、環境の奴隷、つまり受け身な生き方になじんでしまい、ラクをするようになってしまいます。

しかし、環境に安易に依存していては、成長は望めません。メンタフスイッチを入れるためには、あえて環境依存から脱却して活動することも大切です。

例えば、長年、固定客からの定期的な発注を請けているようなビジネスは、順調に進んでいるからこそ、その環境に依存して、**思考停止・行動停止**してしまいがちです。

その際、その状態に甘んずることなく、いい方向にあえて波風を立てて、新しい可能性を追求していくことも必要です。それは例えば、新しい商材の提案だったり、より関係を深くするための施策の提案だったりします。

今あるラクな環境に依存して受動的な生き方をするのではなく、主体的に環境を切り開く生き方を選んだほうが、メンタフスイッチが磨かれるはずです。

なんとなく行動することをやめる

日常生活において、何かを選択するときも、自分で意識して決定するのではなく、なんとなく選択したり、決めたりしていることは意外に多いものです。

営業パーソンは、いかなるときも無意識な選択をできる限りなくして、自分の意志をもって、決定していくことを習慣づけましょう。

営業パーソンで、ダブルのスーツを好んで着る知人がいます。昔、ダブルのビジネススーツが流行った時期がありましたが、最近では、お店に行っても既製品で手に入れるのはなかなか難しいものです。

以前ならば、無自覚に手に入れてしまうこともあったでしょうが、今は、自分で意識しないと、ダブルのスーツは手に入れられないわけです。ですから、この知人は、自分で意識して、ダブルのスーツを着ていることになります。

そこには、自分なりのこだわりや意図が必ず存在しています。「なんとなく」ということはないのです。

つまり彼は、主体的に自分の選択をしているということです。そして、自分で選択しているからこそ、「なんでイマドキ、ダブルのスーツなの？」と周囲から多少変わって見られていても、全く気にする必要がないわけです。自分で選択しているからこそ、自己責任で行動できるわけです。

このように、主体的に生きることも、メンタフスイッチを強くする方法の1つです。

5 自覚を持って、強みを伸長していこう

弱点にこだわりすぎるな

本章の最後に、私自身のメンタフスイッチ体験をお伝えしましょう。

一度読んだ資料を、スキャナーで読み込んだように記憶してしまう地頭のいい人がいます。超有名難関大学出身の高学歴の方に多いようですが、そんな上司と仕事をしたときのことです。

当時、私は初めての海外勤務がスタートしたばかりで、英語での会話力が十分ではなかったため、現地でのスタッフとのコミュニケーションがうまくいかず、四苦八苦状態。

一方、その上司はというと、頭の回転は速いし、米国の大学院でMBAも取得しているし、ビジネス英語は完璧に使いこなしていました。

私はそのレベル差に圧倒されてしまい、萎縮して余計に英語を使うことができなくなっていました。自分自身に完全に自信を失っていました。

私は、この状況をなんとかしなければと思い、毎日、「今日口にできなかった言葉の英語化」を、先輩に有償で指導してもらっていました。

数カ月経ったある日のこと、現地のお客様とその上司とで会食をする機会がありました。その日は、下手くそな英語ではありましたが、自分としては、お客様とのビジネス会話も弾み、よいコミュニケーションがとれたかなと思えた日でした。

その会食後、なんと、上司から「お前、ホント英語うまくなったな！」と褒められたのです。

はじめは見え透いた褒め方だな、内心馬鹿にされているのかなと思ったのですが、彼は「お客様がとても楽しんでいたと思う。自分は、おまえみたいな、お客様が喜ぶような会話がホントにできないんだよね」と続けたのです。

正直、驚きました。どんなに頭がよくて、完璧なビジネスパーソンと見えても、やはり、苦手なことや弱点はあるものなのです。

自分の弱点にこだわりすぎて、変な劣等感にさいなまれるよりも、自分の持てる強みをより伸長させることで、その欠けている部分を目立たなくさせることができます。

人間には誰しも長所もあれば弱点もあるものです。メンタフスイッチで**自分の弱点を最小化させるとともに、強みの徹底伸長を狙っていきましょう**。

5章

お客様の本音を引き出す！「受信スイッチ」

スイッチ④

受信スイッチ

「受信スイッチで、お客様が何を考えているかをキャッチして、お客様の本音を上手に引き出そう！」

お客様はいつでも情報発信をしています。受信スイッチをＯＮにして、お客様の発信する情報を確実にキャッチし、営業活動につなげていきましょう。

お客様の情報発信の中でも難しいのが、お客様の本音を手に入れることです。本音はなかなか打ち明けてもらえません。

お客様の本音をスムーズに引き出すために、相手目線での情報収集の心がけが大切になってきます。

深くお付き合いができれば、さまざまな局面で知り得た情報が自然と結びつき、お客様の考えている本音が理解できるようになってくるものです。

しかし、相手は人です。なかなか簡単なことではありません。

受信スイッチは、お客様の発信情報に対する情報感度力を磨き、本音を理解するための積極的な受信を実践するためのスイッチです。

お客様の変化に敏感に気づき、その変化を見逃さずにキャッチできる力を磨きましょう。

1

「受信スイッチ」でお客様の信号を見逃さない

相手の情報をしっかりキャッチする

あなたは普段、お客様のどのような情報をキャッチしようとしていますか？

お客様は、あるときは意識的に、また、あるときは無意識に、いろいろな情報を発しています。営業パーソンは、その情報をどのようにキャッチするかが大切です。

私が商談に出向いた際に注目しているのが、以下のような情報です。

・顔色や髪型など商談相手の印象全般
・服装全般、スーツやシャツ、ネクタイ、チーフ、ピンなど相手の装飾全般

・手帳、ノート、ペン、電子ツール、名刺入れなどステーショナリー全般

・エントランス、受付、会議テーブル、イス、カレンダー、置き物などスペース全般

その他にもお客様が発している情報をキャッチするために、変化や違いに意識を集中します。

そして、変化に気づくことができたら、すかさず質問です。例えば、手帳が新しくなっていることに気づけば、商談の流れの中で、「おしゃれな手帳ですね。新調されたんですね。ちなみにどちらで？」と、一歩踏み込んで聞いていきます。

すると相手は、よくぞ質問してくれましたと、「そうなんですよ！　実はこの手帳、元上司からのプレゼントなんですよ」などと、うれしそうに語ってくれることがあります。

変化に気づいて質問したからこそ得られる情報があるわけです。

情報感度力を上げよう！

お客様の発する情報に接し、その情報に気づくためには、自分の**情報感度力**を高めてい

く必要があります。

情報感度力とは、お客様が発する情報を、五感を使ってつかむ力のことです。その情報をもとに、即時反応して、お客様との強固の関係構築につなげるアクションを起こしていきます。

情報感度力を高めるためには、**営業パーソンとしての経験値を上げて、自分自身の総合的課題解決力をアップさせていく**ことが必須です。

相手の発する情報に気づくためには、まず自分が体験したことがないことに積極的に目を向けましょう。人は、自分に関係のないことには、無関心になってしまったり、興味を失ってしまいがちです。

営業パーソンとしては、自分に関係ないことにこそ、興味・関心を抱こうとしたり気にとめたりすることが大切です。

私も営業パーソンとして余裕がない時代は、つい自分の仕事に直結しないことは、スルーしていました。しかし、それでは、目の前の人と商売ができそうか否かを見極めているだけで、お客様との関係構築をしていることにはならないわけです。

情報感度力を高めるために、何より大切なのは、**相手の発する情報が、自分が体験してきたことに関係があるかどうか**です。

体験したことがあれば、お客様の情報に気づき、質問しやすくなります。自分の体験に、お客様と共感できる情報がない場合は、疑似体験の機会と捉え、より自分の受信スイッチの感度を上げるようにしましょう。

さらに、この**疑似体験の機会を増やす**ということも、受信スイッチを入れるためにはとても大事なことです。

例えば、お客様が、商談にタブレットを持ち込んできたとします。自分もタブレットを使ったことがあったり、タブレットを検討していたりすれば、すぐに目につくでしょうから、相手の情報を受信しやすく、それに呼応しての質問もしやすいことでしょう。

逆に自分で体験したことがないのであれば、「自分は全く使ったことがないのですが、どんなきっかけでタブレットを使いはじめたんですか?」など、お客様のタブレットにまつわるエピソードを伺いながら、自分自身の疑似体験をさせてもらうこともできます。

どちらの場合にも、受信スイッチを入れて、一歩踏み込んだ質問を投げかけられるようになることが大事です。「それ、新しいタブレットですか？」と表面的な質問をするだけでは、おそらく話は弾みません。

あなたが自分に真に興味・関心を抱いていると相手に受け取ってもらえなければ、通りいっぺんの回答しか得られず、踏み込んだ本音には到達することはできません。相手の情報へアクセスするだけの自分の興味・関心領域を拡げていく努力をしていきましょう。

御用聞きの神髄は、お得意様づくり

お客様に一目置かれる営業パーソンは、**御用聞き営業**を実践しています。お客様の御用を知るためには、お客様の発する情報を捉え、発する話や言葉をしっかりと聴くこと、お伺いすることがとても大事なのです。

先程のタブレットの話でも、話題のテーマに造詣が深い人ほど、いろいろな蘊蓄《うんちく》を語ってくれることが多いものです。

自分の興味関心が低いと、「あの人、話が長いんだよ」と、簡単に片付けてしまいがちですが、これではダメです。話が長い人は、聞いてほしいことがあるのです。

そんなときは、自分自身の疑似体験を増やすことができる貴重な機会と、聞き役に徹し、相手の言葉をしっかりと受け止めていく心構えが必要です。

なぜなら、**お客様の言葉には、仕事上での効果的な提案をするためのヒントがたくさんある**からです。お客様との会話から、本当の御用、つまりお客様の真意をつかめるようになりましょう。

ところで、「お得意様」という言葉は、「お得意顔」に由来しているということをご存じでしょうか？　昔、商人が、自らの役割をお客様をお得意顔にすることと定義した言葉が「お得意様」だったそうです。

営業パーソンが本来の使命を考えるとき、この「お得意様」という言葉を考えると理解しやすくなります。

常にお客様がお得意顔になるために何が必要か、感じ取ろうとすることで、お客様に関わる情報の量と質が上がっていきます。

まずは相手の考えていることをお伺いする。もし、まだ明確でなければ、不明確な点を明確にしながら、相手の考えを真摯に伺う時間をしっかりかけたいですね。

目線を合わせる

自分の視点やものの考え方を相手の目線に合わせることは、対人関係を生業とする営業パーソンにとって必須の能力です。

相手目線に合わせると一言で言っても、これはそんなに簡単なことではありません。

よく「上から目線」でものを言う人がいますが、なぜ相手はそのような発信をするのでしょうか？

そして、相手の発言を「上から目線」と批評するなら、自分はどこからの目線の発信なのか、考えてみてほしいと思います。相手が上なら、そう感じているあなたの目線は「下から目線」になっているかもしれません。

お客様の「上から目線」は、絶好のビジネスチャンス

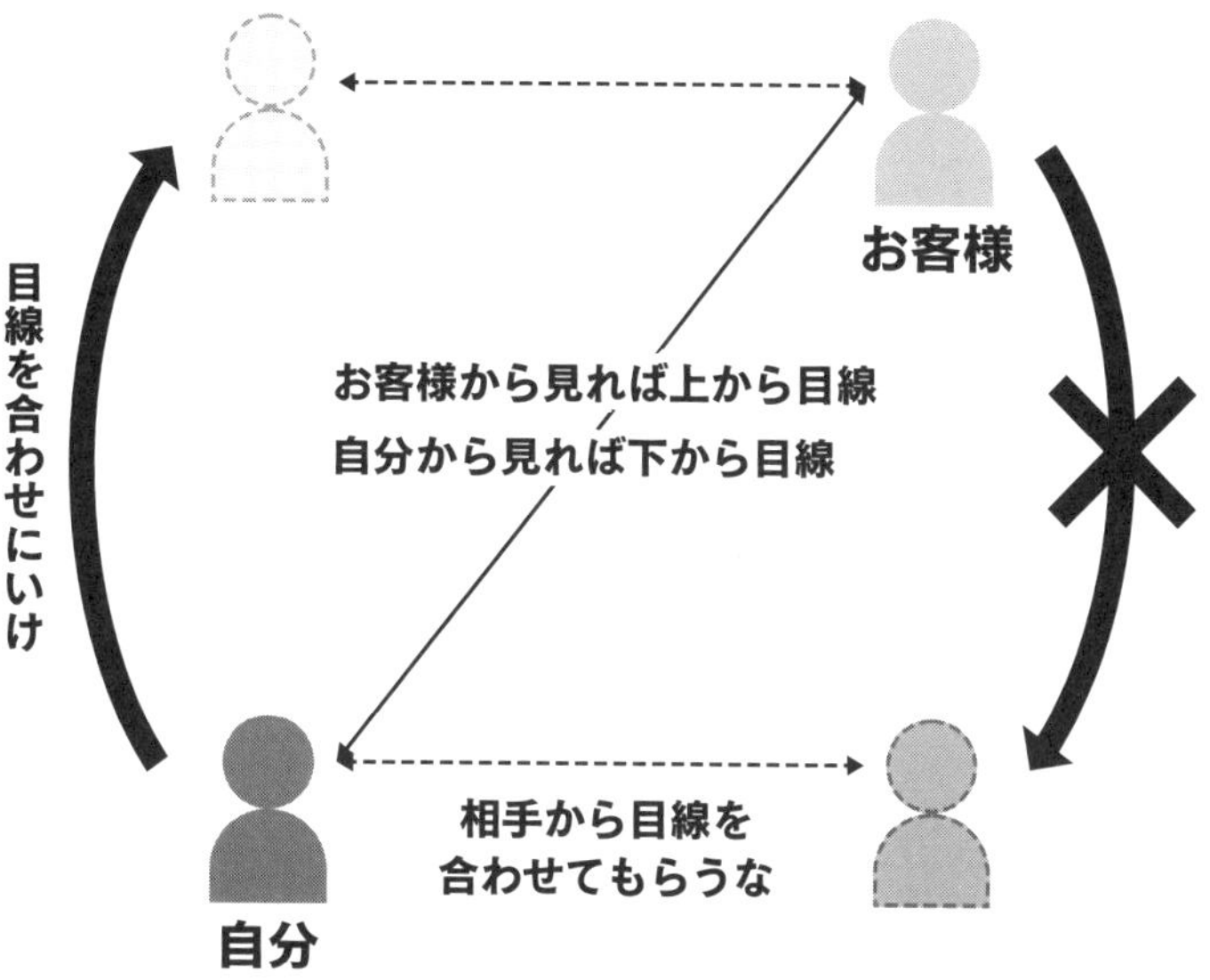

実は、**相手の「上から目線」は、ビジネスでは絶好のチャンス**です。

相手の目線に合わせることができるなら、同じ目線でやりとりができるわけです。そのためには、自分が相手に合わせてだいぶ背伸びをしなくてはなりません。

相手が経営者であれば、経営者の目線に近づこうとしなければ、同じ目線にはなれません。もちろん、相手があなたと

いう営業パーソンのために目線を合わせてくれるはずもありません。

目線を合わせるためには、相手の立場を学ぶしかないのです。相手の立場になって、相手が好むものであったり、気にかけていることだったり、関心を持っていることなどを勉強することが大切です。

また、相手と同じ立場にある人を見つけて、その立場だからこそ抱いている課題などを聞いて、事前学習することも大切です。受信スイッチが入れば、経営者であれば経営者の使う言葉を、技術者であれば技術者の使う言葉を使って、やりとりすることができるようになります。

なお、いつも相手が「上から目線」とは限りません。営業パーソンが「上から目線」になっているときは、相手の目線に下がっていくように気をつけましょう。

2 お客様の課題を引き出す

お客様のお困り事は自分事として捉える

お客様が感じている課題を引き出すためにも、常に受信スイッチを入れましょう。とはいっても、お客様やお客様を取り巻く環境に内在する課題は、お客様自身もつかんでいないこともあるので、まずはお客様にとって、あなたが課題を話してもいい相手だなぁと感じてもらうことが大切です。

そのためには、**お客様の懐に飛び込む勇気**が必要です。その際に有効になるのが受信スイッチでもあるのです。

お客様に内在する課題とは、別の言い方をすれば、お客様の「お困り事」です。お客様が感じるお困り事は、場合によっては、自分の会社の恥部に当たる部分ということがあり、なかなか話したがらない方も多いものです。

だからこそ、自分自身がこれまで経験、体験、疑似体験してきた情報や知識を総動員して、自分自身が、お客様が抱えるお困り事のお役に立てる人間であることを知ってもらうために、相手の情報を受信しましょう。

私の場合、オーナー企業やベンチャー企業に勤めていた経験があるので、相手がそのような会社だったら、きっとこんなお困り事あるのではないだろうか？　という想定ができます。また、法人でも大手企業とのお付き合いも多かったので、大手企業で起こりそうなお困り事もイメージできる部分があります。

例えば、お客様の会社がオーナー企業だった場合では、

「いろいろと現場で積み上げても、オーナー（創業者）の意向で、ひっくり返ることもありますからね。それを踏まえて、臨機応変な企画をしていきませんか？」

などと、相手の情報に一歩踏み込んでいくことで、より情報の密度がアップしてくることにもなります。

相手がなかなか共有したがらない、自社の課題や自身の課題などを、先回りして、「わかってますよ！」というサインを送って、反応を確認していきます。「そうなんですよ」「さすが、よくおわかりですねぇ」など、共感メッセージが出てくれれば、お客様との距離は確実に縮まっています。

お客様のお困り事に、自分事として向き合うクセをつけておくことで、受信スイッチが磨かれていきます。

営業パーソンとして、ビジネス経験を積む中で、お客様のお困り事（課題）を解決するために何が必要なのだろうか？　何が原因でこの課題があるのだろうか？　と、一歩踏み込んで、お客様から本音をお話しいただくチャンスをつくり出していきましょう。

3

「アクティブリスニング」で受信モードになる

アクティブリスニングを実践する

受信スイッチに外せないスキルが、「**アクティブリスニング**」です。営業パーソンは、いつでも、どこでも、常にアクティブリスニングの実践を心がけていきましょう。

アクティブリスニングとは、「傾聴」のことです。

傾聴は、100％相手目線で、相手の発信を全身全霊で受け止め、ダイナミックに話を展開する技術です。営業パーソンであれば、必ず習得しておきたいスキルです。

傾聴とは、「聞き方」ではなく「聴き方」です。前者の「聞く」という漢字には、「門」

構えがあり、聞き手の主観が入る聞き方を表わす漢字だといわれます。後者の「聴く」という漢字は、「耳」と「十」「四」の「心」が組み合わさっているため、相手の発するあらゆるメッセージに心から耳を傾けるという意味を示しています。

傾聴を上手に実践できるようになると、**相手から発信される情報が劇的に増えます**。また、相手から見れば、自分に対して、あるいは自分の課題に対して、とても親身になってくれている営業パーソンだと映ります。

傾聴を実践するために必要なスキルは、次の4つです。

①あいづち・反応

相手の発言に、積極的に反応すること。言葉を返すだけではなく、表情・しぐさも大事な反応です。例えば、会話中にメモをとるのも傾聴を示す行為です。

②確認作業

時には相手の発言を繰り返すことで、相手の発言内容を確認すること。相手にとっては自分の発言がしっかり相手に届いていることの安心感にもつながります。

傾聴に必要な４つのスキル

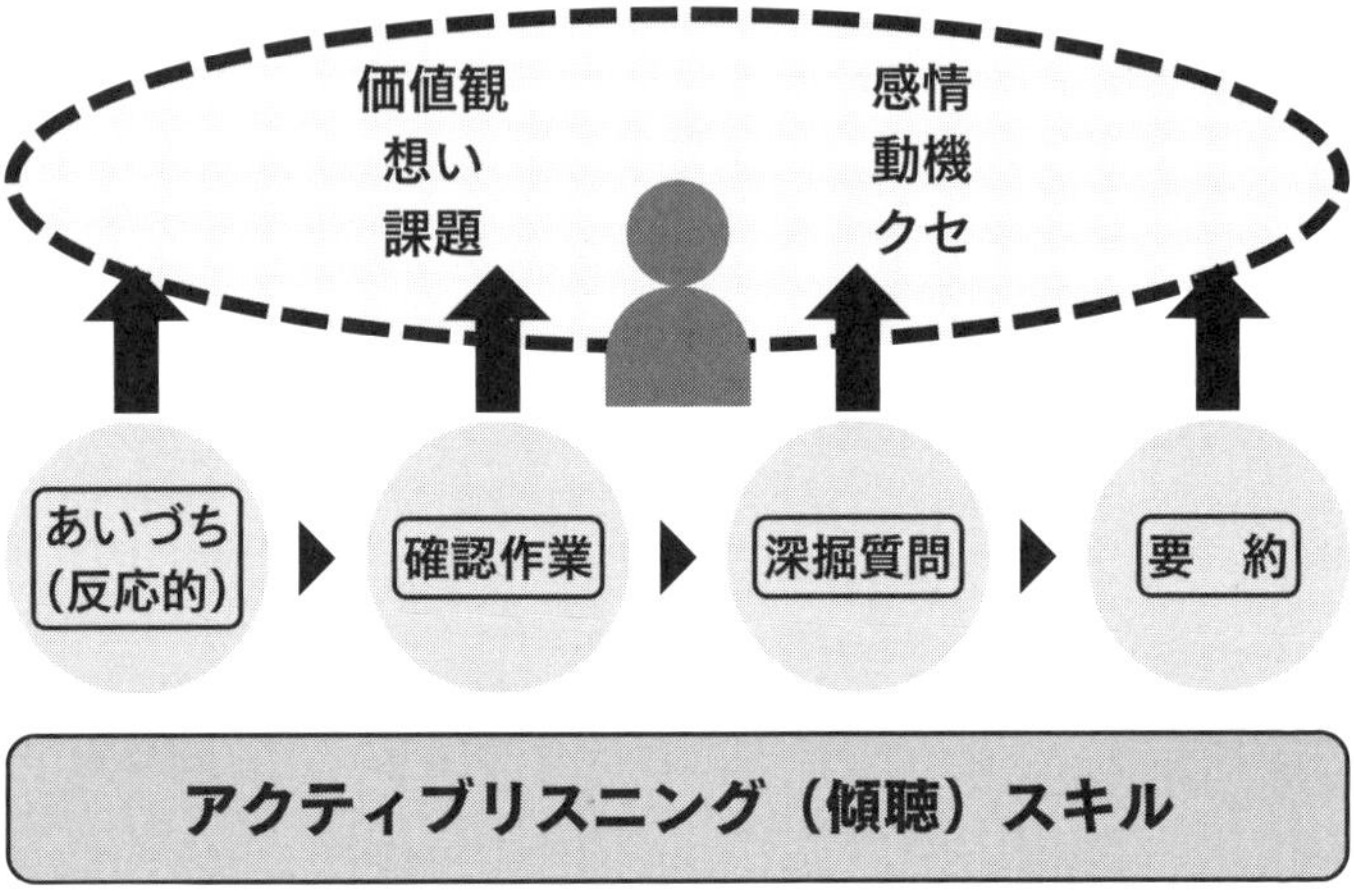

③深掘質問

相手の発言に対して一歩踏み込んで質問をすること。

④要約（まとめ）

相手の発言をまとめることで、しっかり理解していることのアピールにもつながります。例えば、お客様へのお礼のメールに、その日伺った話を盛り込むなどです。

これら4つのスキルをしっかりと身につけ、使いこなすことで、相手とのやりとりに劇的な変化が起こっていきます。

傾聴のポイントは、徹底して相手に視点を置いた聴き方をすることです。つまり、相手目線に立って反応することです。相手に出身地を聴いておきながら、回答が何であれ、「私は〇〇出身なんですよ」と自分の伝えたいことを言ってしまうことはよくあることです。質問を、自分の言いたいことを伝えるための導線程度に考えていると、いつまで経っても傾聴は実践できないでしょう。

お客様のことをもっと「知りたい」欲を持とう

お客様のことを知らない営業パーソンが増えていると最近感じます。現代は、情報化社会ゆえにいろいろな情報は調べればわかるという安心感からか、その場でライブに、相手に疑問をぶつけることが少ないようです。

お客様のことをもっともっと知りたいという「欲」を持てば、受信スイッチを入れることができるのに、これはもったいないことです。例えば、業界ナンバーワンの商材を持っているある企業とお会いしているとき、私は、質問したくてうずうずしてきます。

「どのくらいのシェアなのか?」「なんで一番になれたんだろう?」「ターニングポイント

はいつだったのか？」「そのとき、あなたは何をやっていたのか？」……。聴きたいことがなければ、いくら質問の方法を身につけても無用の長物です。

お客様のことを知りたいと思ったら、まず**1つの事柄に対して、3つ以上「なぜ」「どうして」が頭に浮かべられるようにしましょう**。

トヨタ自動車で有名な「カイゼン」では、問題の本質に迫るまで、「Ｗｈｙ」は5回繰り返します。そこまでＷｈｙが続けられれば、本質まで到達することができるということです。同じように、「なぜ」「なぜ」「なぜ」を繰り返していけば、相手の気持ちや感じ方など、本質的な情報が手に入れられます。ぜひ実践してみてください。

4 強固な対人関係を築く

強固な対人関係を構築する対人力を磨こう

お客様との面談の機会は、最高の情報収集の場です。
繰り返しますが、お客様は常に情報を発信しています。営業パーソンは、自分がお客様について知りたいことをあらかじめ準備して、対面したときに、その知りたいことを意識しながら質問していきましょう。

対人力の強い営業パーソンは、いつでもどこでも情報収集しています。

自分が初めて関わる業界のことなどは、いくら自分が勉強をしたところで、そのお客様にかなうわけがないのですから、自分で学んだことをベースに、業界特有のことやエピソードをお客様から直接学んでいきましょう。対人力を身につけると、学びの生産性は劇的に改善されます。

また、今のご時世、メールなどでの対人力も強化していかなければなりません。最近よく、メールでいろいろなことを聞いてくる方がいるのですが、便利だからと相手のことを何も考えずにメールで質問しているようではダメです。相手が回答に、どれくらいの手間を要するものかを考えていない営業パーソンは意外に多いと思います。不用意なメールで相手を煩わせず、営業パーソンが押さえたい情報やポイントを明確にし、相手がレスポンスしやすいメールを心がけましょう。

お客様をお客様以上に知ること

相手のことを知らずして、相手を喜ばすことができるでしょうか?

相手のことを、相手以上に知ってこそ、相手が喜んでくれるアプローチができるわけです。そのためには、受信スイッチを全開にして、相手のことを慮ってみることです。わからないことは、興味を持って聴いてみることです。

そこで、次のようにお客様のことを全方位で想像して仮説を立ててみることをおすすめします。

【前・後】誰から仕事がきて、誰に仕事を渡すのか？
【左・右】仕事で関わる同僚や関連部署などどんな人がいるのか？
【上・下】上司や部下・後輩の存在と関係は？
【過去・未来】その方はどんな経歴で、どんな未来を描いているのか？

質問するときも、この8方位からお客様を捉えることで、相手への関心を表現でき、大切な情報を教えてもらえる関係をつくり出せるはずです。

営業パーソンは時として、お客様以上にお客様のことを知ることが必要なのです。

受信スイッチは、**お客様との接触回数と接触頻度で、磨いていくことが可能です**。お客様に関わる情報は、机上ではつかめません。

だからこそ、お客様を訪問する回数と頻度を上げていかなくては、刻々と変化する情報は手に入れられないともいえます。

また、お客様のことを知れば知るほど、次章で紹介する発信スイッチが効果的に機能するようにもなります。

私は、お客様の役に立つ情報をストックしておくクリアホルダーを事前にプレゼントし、定期的に情報を更新するためにお客様を訪問していました。

すると、お客様はとても喜び、私がやってくるのを楽しみにしてくれるようになりました。**お客様が営業パーソンの来訪を楽しみにしてくれるような関係**が構築できれば、課題解決のチャンスは劇的に増えると肝に銘じておきたいものです。

5 お客様の反応を誘導する

「仕込み」の重要性

お客様の反応を引き出していくためには、相手に反応しやすい仕掛けや仕組みを工夫していかなくてはなりません。

お客様から一目置かれる営業パーソンは、相手に反応してもらいやすい仕組みや仕掛けを相手に向けることを常に考えています。

それは、お客様から「これは何ですか?」「それはどういう意味ですか?」と、**自然と質問してもらえるような反応をこちらも発信する**ということです。

例えば、私の知人で、月末になると「$」マークがプリントされたネクタイをする営業パーソンがいます。「集金に来ました」という合図をネクタイに込めているそうです。

その仕込みに気づいたお客様は、「面白いネクタイですね」と反応してくれるそうです。もちろん、答えは「月末なんで（笑）」。いいコミュニケーションですね。

反応がないのも反応の1つ

反応の薄い、無反応なお客様を嫌う営業パーソンがいます。

確かに、営業パーソンが、一所懸命に質問したり、説明したりしても、反応が見えにくい方はいらっしゃいます。意識的か無意識的かはわかりませんが、こちらからの投げかけに、反応をしていただけないケースです。

でも、よく考えてみれば、それもまた1つの反応と捉えればよいのではないでしょうか。

反応が薄い、**無反応なお客様は、「反応したくない」「反応するに値しない」というメッセージを出していただいている**と考えてみるのです。

相手の発するプレッシャーになるような発信を受信しすぎると、緊張したり、パニックに陥ったり、思い通りのパフォーマンスを提供することができなくなることがあります。

そんなときは思い切って、受信スイッチの一部をあえてオフにし、営業パーソンとしての自分の役割に徹してみることも大切です。

以前、「お客様がなかなか『ありがとう』と言ってくれない」と嘆いている営業パーソンから相談を受けました。

私は、「それは、相手が『ありがとう』と言いたくなるような働きかけが足りないということじゃないかな。相手の反応は、自分の行動を変えるヒントだよ」とアドバイスをしました。

その後、彼は、相手が喜びそうな情報を商談のたびに持参するようにしたところ、自然に「ありがとう」をもらえるようになったそうです。

6 相手のフィードバックを見逃さない

お客様の言動すべてがフィードバック

こちらが受信スイッチを押していれば、それに対して、お客様は何らかの反応をしてきます。**そういったお客様の行動、言動、しぐさは、フィードバックに満ちています。**

相手から戻ってくるすべての反応がフィードバックであり、その中には、好意的なものもあれば、批判的なものもあります。

いずれのフィードバックも、自分の捉え方次第で、変化のエネルギーに変えることができます。まずは、お客様からのフィードバックを見逃さないようにしましょう。

例えば、商談中に、お客様がふと腕時計に目を落としたしぐさを見逃さず、間髪を容れずに、「お時間大丈夫でしょうか？」と一言差し込めるか否かが、フィードバックを見逃さないということです。

気配りや心配りは、お客様の行動やしぐさのフィードバックを見逃さないからできることです。ボーッとしていて、相手の行動やしぐさが目に入らず受信できなければ、「空気が読めない人」「周りが見えない人」というレッテルを貼られてしまうことにもなりかねません。

そうならないためには、受信スイッチを入れて、お客様をよく観察しましょう。

フィードバックの最たる例はクレーム

フィードバックとして一番わかりやすいのは、クレームです。

中には悪意があってクレームする人もいるかもしれませんが、実際は、その会社や商品、相手に対し、期待していたことを裏切られた想いの丈を、クレームという形で伝えることが多いと思います。相手に対する期待があるからこそそのクレームです。

しかしながら、ヘルプデスクやクレーム専用の窓口では、相手のそんな気持ちまでは汲み取ることができず、機械的に処理しようとします。

これでは、クレームにただ対応しているだけで、お客様の想いに対して受信スイッチなど入っておらず、次につながるヒントなど見つかるはずもありません。

あなたは、これまで、人に苦言や文句を言ったことがありますか？　あるなら、それも重要なフィードバックです。

なぜ、苦言や文句を言いたくなるのでしょうか？　それは、相手がそれを理解して、変化を起こしてくれるはずだという期待や、相手がこのままでは同じミスを何度も繰り返すことになるからと慮るからこそ、あえて文句や苦言を呈するわけです。

そのフィードバックに対して敏感に反応し、行動し、改善していけば、フィードバックをした方は、自分が提示したことがきっかけになって変化してくれたと、喜ぶはずです。

そういった意味では、営業パーソンは、**お客様からフィードバックされやすい人であっ**

たほうがいいのです。

ついアドバイスをしてあげたくなる営業パーソンになれば、成長の種が自然と集まってきます。

フィードバックをもらえるようになるためには、素直な営業パーソンでいることです。反対に、フィードバックをしたくない営業パーソンは、言い訳や〝その場しのぎ〟が多い人です。

お客様の感動は、〝半値八掛け〟で受け取ろう

なお、お客様の感動や感謝は、一過性のものだと理解しておいたほうがよいでしょう。

お客様は誰でも、購入や契約を決めたりしたときは期待も最高潮で、とても高い満足をしているものです。そして、そのときをピークに、徐々に満足度は下がっていくことになります。だからこそ、その満足度を下げないようにすることが大切です。

アフターサポートや、後日お客様の不安をお伺いするなど、購入や契約を決めていただいたときよりも、丁寧なサポートを心がけましょう。

お客様は一度決めた後も、「本当にこれでよかったのか」「もっといい提供先はなかったのか」など、気になってしまうものなのです。

だからこそ、成約した事実については謙虚に受け止め、**お客様にとって「選んでよかった」と言ってもらえるよう、お客様の不安や懸念を取り除いていく努力を怠らないようにしましょう**。

成約すると、急に素っ気なくなるような営業パーソンでは、お客様の真の満足をつくることはできません。結果的にリピートなどにもつながらず、生産性の高い営業活動ができないことになります。

お客様にとって絶対的なポジションをつかみ、単なる売り手と買い手から、真のパートナーへと進化していきましょう。

6章

お客様の共感を呼ぶ！「発信スイッチ」

スイッチ⑤

発信スイッチ

受信スイッチと一緒に発信スイッチを入れることで、お客様とのコミュニケーションはさらに強固なものとなります。

営業パーソンは、お客様からの共感のサインをとりつけることを大切にしたいといつも願っています。あるときは、お客様の共感を求めるあまり、相手に迎合しすぎて、下請けのような関係をつくってしまったりもします。

お客様からの小さな共感の積み重ねが、大きな信頼や信用となって、やがて差別化へとつながっていきます。取り扱う商材に大きな差がなくても、お客様に選んでもらえる営業パーソンになるためには、自ら発信することを躊躇してはいけません。

発信スイッチは、お客様の共感を獲得することを狙い、自ら積極的に発信するために入れるスイッチです。

日々出会うお客様に、自ら情報を発信し、記憶に残してもらうことが、真にお客様から一目置かれる営業活動につながります。

営業パーソンは、いつでも、どこでも、どんなときでも、お客様のお役に立つ情報を発信することを忘れてはいけません。それが結果として、お客様に高い関心や共感を持っていただくことにつながるからです。

発信スイッチは、これまで紹介した4つのスイッチの中でも、受信スイッチとの連動で、さらにパワーを発揮します。

6章では、お客様の共感を得るための発信スイッチについてお伝えします。

1

発信なくして共感なし！

不言実行は不誠実

営業パーソンに限らず、人は誰もが周囲へさまざまな情報を発信しています。意識的に発信していることもあれば、無意識に発信してしまっていることもあります。

どうせ発信するなら、営業パーソンは、いつも意識的に、自分の影響力をいい方向に発揮していきたいものです。

お客様に共感していただくために、営業パーソンとしてどのような発信をしていくのがいいのか？　大切なのは、**お客様に誠心誠意接する**という一点です。

逆に、営業パーソンが一番やってはいけない発信行為は、「嘘」をつくことです。

もちろん、営業パーソンで、もともと嘘をつこうとする人などいないと思います。しかしながら、自分で約束していたことが、状況変化によって嘘になってしまうことはあるかもしれません。

「私に期待してください。絶対損はさせません」

「私にすべてお任せください。必ず満足させます」

など口をついて出た言葉は、信頼を得るためには何がなんでも守らなければなりません。

つい調子よく、何の根拠もないまま発信してしまっていれば、実際に約束が守れないとなった場合に、その発言や行動は不誠実な行為となってしまいます。「緊急事態が発生し、確認したくて電話を入れても、なかなかつながらない」といった場合も誠実さを感じにくい行為です。

このような誠実さを感じさせない対応が、結果、お客様のお怒りにつながり、結果として不誠実な営業パーソンというレッテルが貼られてしまうことは、よくある話です。

かといって、「不言実行」を決め込み、自分からお客様に約束をしないのも、いかがなものかと感じます。

最近は、特に若手のビジネスパーソンに「不言実行」という風潮があるようですが、お客様の立場に立って考えてみれば、お客様に対して、不誠実な行為であることがわかると思います。

お客様から一目置かれる存在となるために、ぜひ自分の言葉で約束したいことを発信し、それを実現しようと誠心誠意向き合っていく姿勢、それが大切なのです。

常に「公私一体」で考えよう

営業パーソンの発信は、**常に等身大の自分自身であるべき**です。仕事だから、会社、上司の命令だから……といった他責にした発信はできる限りやめましょう。

他責は、言い訳のはじまりです。自分の言葉で、しっかり話すようにしていきましょう。

会社という組織で働いていると、自分の言葉で話すことは、簡単なようで、はじめは意外に難しいことかもしれません。まずは、自分がされたらうれしいと思うことを、お客様にも実践していきましょう。

そして、「自分がされて嫌だと思うことは、絶対にするまい」と誓うことです。だからこそ、営業パーソンは、常に**等身大の発信**を心がける必要があります。お客様が困ることに共感し、自分ができること、したいことを明確にすることです。

ビジネスの世界で、「公私混同」してはならないのは、当然ですね。仕事とプライベートを分けていこうという風潮は、現在のトレンドです。ワークライフバランスを整えようとする動きも、その大きな流れの一つです。

しかしながら、よくよく考えると、公私を上手に切り替えるのは簡単なことではありません。仕事を優先するばかりに、プライベートをないがしろにすることも、プライベートを優先するばかり、仕事がなおざりになることも、どちらもよくないことです。

そもそも、公私は混同してしまうものなのだと思います。そのときそのときの重要度合いと緊急度合いで、優先順位が決まってくるものです。

私も、繁忙期で深夜帰宅や休日出勤が当たり前になり、公私のバランスで悩んでいたとき、先輩のS氏に言われた一言で、とてもしっくりきたことがあります。

それが、**「公私一体」で考えればラクになる**というものでした。

「仕事があるおかげでプライベートが成り立ち、プライベートが充実するから仕事にも好影響がある」というように、公私は表裏一体です。それぞれを分けようとするから、無理が出て、逆にバランスを崩してしまったり、こうでなければという固定した考えに陥ったりするのです。

大事な仕事で休日出勤をしなければならないときもあれば、外してはいけないプライベートの用事もあるはずです。

私は、等身大の自分で、「ワーク」も「ライフ」も大切にしていくという考え方が大事だと思っています。無理して分けようとせず、一体として考えたほうがストレスにならないというものです。

2

上手な自己開示をしよう

自己開示は最大の武器

あなたはどの程度お客様に自分のことをオープンにしていますか？

個人主義の時代ですから、仕事は仕事、プライベートはプライベートと割り切る考え方も否定はしませんが、それでは発信スイッチは眠ったままです。時には自分のプライベートを開示することでお客様との距離がぐんと近づくこともあるものです。

営業パーソンにとっては、**自己開示は最大の武器**となります。自分なりの自己開示の方法を見つけていきましょう。

名の通った大学、名の通った企業に勤めている方は、自己開示せずとも相手からの信頼はある程度獲得できるでしょうが、それはあくまでその大学、その企業が信用を付与しているに過ぎないことを自覚しておいてほしいものです。

いわゆる大企業を退職して独立し、結構苦労されている方が少なからずいます。それは、大企業のブランドや信用で、自己開示を代用してきてしまった結果だと思われます。

まずは、「私はこんな人間で、こんなことを大切にしているのだ」という主張をしていくことこそが、自己開示というものです。

この自己開示は、就職活動のときの自己ＰＲのように、「私は明朗快活な人間です」などの決まり切ったものとは別物です。

お客様から関心を持ってもらえるかどうかを軸に考えたものでなければ、お客様に受け入れてもらうことは難しいと思ったほうがいいでしょう。

とはいえ、日本では、「自己誇示」するだけの自己ＰＲは、あまり受け入れられません。「自己卑下」とのバランスが大事だといわれています。

60％は自己誇示、40％は自己卑下、プラス10％自分の押しの部分となるようにするのが、上手な自己開示の極意です。

「私は、何事にもすぐ熱くなれます（強み）。しかし、時に行きすぎて、くどくなってしまうこともあります（弱点）。いずれにせよ、即応力の面では（強み）、必ずお客様のお役に立てると思います」といった具合です。

「感情」と「勘定」で営業せよ

人はどんなときに動くのでしょうか？

人は自分が納得したときにしか動かないものです。人からとやかく言われても、自分が納得しないと、決して動かないものです。

特に、お客様は、商材や価格に対する納得も大切ですが、営業パーソンのあなた自身との付き合いも重要な要素になります。どんなにいい商材があっても、それを扱う営業パーソンがイマイチであれば、お付き合いをするのをちょっと考えてしまうものです。

つまり営業パーソンは、営業活動をスムーズに進めるためにも、自分が相手に納得してもらえる存在であることを、自分自身でしっかりと発信していかなくてはならないということです。

お客様のマインドシェアを高めよう

自己開示をしていく究極の狙いは、お客様に一目置かれ選ばれ続けるために、**お客様の心の占有率（マインドシェア）を高めていく**ことです。お客様の心の中で、〝ちょっと気になる営業パーソン〟になることが大切です。

お客様の心の占有率、マインドシェアを上げるために、自分でできることを考えて実践してみましょう。もちろん、相手にとっていい意味でのマインドシェアを上げなくてはダメです。自分勝手に、ただ垂れ流しのように情報を送りつけるだけでは、お客様のマインドシェアはアップしていきません。

訪問するお客様が固定している場合は、プロフィールシート（詳しくは次項）を用意するだけではネタがつきてしまうので、訪問するたびに情報提供できる「マイニュース」（身近なネタをコンパクトにまとめたもの）などがおすすめです。

定期訪問をするのであれば、一定期間ごとに情報提供するようなものを考えたら、とてもよいチラシになると思います。定期、不定期を問わず、お客様にとって耳よりな情報をお届けすることも、マインドシェアをアップする効果的な方法です。

お客様のマインドシェアを上げる、つまり、お客様に他とはちょっと違う営業パーソンだと覚えていただくことを目的に、いろいろなツールを試してみるといいでしょう。

例えば、ありきたりの自社の商品パンフレットをお持ちするよりも、社内報をお持ちしたほうが、よっぽど相手に喜ばれます。これも自己開示の一環です。

実際に、ある卸売業の会社では社内報という名目で、売上や利益、実名での事例など、本来社内にしか公開しないような情報を惜しげもなく載せた「○○新聞」という名の社内報をお客様にも配布しています。

その企業は卸売業という特性もあり、どのくらい儲けているかなどという情報は、それほど機密性が高くはないものです。それよりは、どんなお客様とお仕事ができているか、どんなプロジェクトがあるのか、卸売業として取り組んでいることなどを広く取引先へ効果的に伝えています。この社内報の編集は、社長自らが行なっていて、業界でも話題になっていました。

この手法は、営業パーソンにも流用できる事例です。最近では、ブログやＳＮＳで、気軽に自分の情報を発信できる時代ですが、あえて手間をかけ、自分で編集した情報をお届けするという行為は、発信スイッチの入った営業行為といえます。

ただし、手前味噌、独りよがりにならず、お客様に役立つ情報発信を心がけることが大切です。

次項以降、お客様と自分、自分の会社をつなぐための効果的なツールをご紹介していきます。ぜひいくつか実践してみてください。

3

相手の信頼を勝ち取るプロフィールシート

固有の武器をつくろう

お客様と直接接する場面では、あなた固有の発信スイッチを鍛えることが、絶対的な信頼や長い関係を生み出します。

営業パーソンとして、顧客接点での究極の発信スイッチは、オリジナル性の高い発信ツールという武器をつくることにあります。

インパクトが強く、相手の記憶に長く残り、自分の人となりや想いが表われているツールづくりを目指していきましょう。

もちろん、お客様に、あなたを上手に表現するものであれば、どんなものでもよいと思います。本項からは、私がこれまで自分で作成したものや、仲間のトップ営業パーソン達が活用していたものなどをご紹介します。

自己紹介は相手の信頼を勝ち取る最短ルート

発信スイッチの1つともいえるのが自己開示ですが、そのための一般的なツールとしては、プロフィール（自己紹介）シート、履歴書、職務経歴書などがあります。

営業用のプロフィールシートは、私はどんな人間かということをしっかりと表現するためのツールです。

中途（キャリア）採用が一般的になった今、自分がどんな仕事をしてきたのかを整理整頓しておくことは、採用面接に限らず大切なことだと思います。特に営業パーソンは、なぜ自分が今の会社にいるのか、今の商材に対しての想いはいかほどか、そして、お客様に満足いただけるために、どんな自分らしさが発揮できるのかなど、**お客様目線でプロフィールを作成**しましょう。

営業パーソンは、プロフィールシートを丹精込めてつくることをおすすめします。**よくできたプロフィールシートは無言の営業ツール**ともなり、一人歩きさせることもできます。

以前、ヘッドハンターのＡさんからいただいたプロフィールシートは、秀逸でした。それは生まれたときのエピソードから現在のヘッドハンターとしての活動まで、Ａさんのストーリーがびっちり詰まったＡ４のシートでした。それを30分程かけて、丁寧にプレゼンするのです。

私がヘッドハントされる側なのに、なぜこの人は延々自己紹介をするのかと、疑問に思って伺ってみると、「これからあなたの人生に関わる大切なお話をさせていただくにあたって、自分がどんな人間なのかをお伝えしないわけにはいきません。時に、厳しいことも言うかもしれないからこそ、自分のことを包み隠さずオープンにさせていただいているのです」とのことでした。確かにその通りですよね。

その後、ヘッドハンターや転職コンサルタントなどで、プロフィールシートを持参した人は見たことがありません。だからこそ自己開示は、やはり大きな差別化になるのです。

著者のプロフィールシート

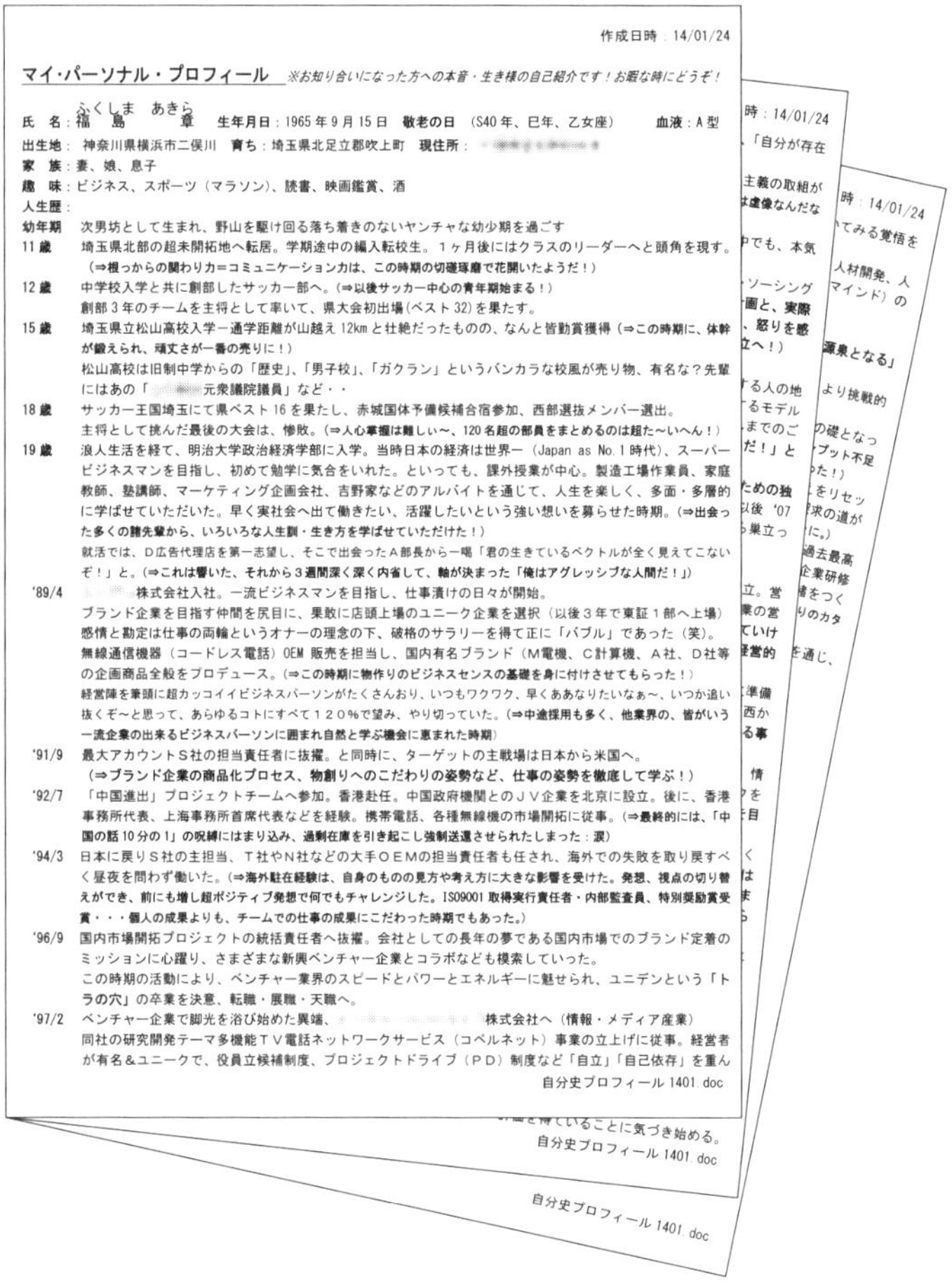

作成日時：14/01/24

マイ・パーソナル・プロフィール　※お知り合いになった方への本音・生き様の自己紹介です！お暇な時にどうぞ！

氏　名：福島《ふくしま》　章《あきら》　**生年月日**：1965年9月15日　**敬老の日**（S40年、巳年、乙女座）　**血液**：A型

出生地：神奈川県横浜市二俣川　**育ち**：埼玉県北足立郡吹上町　**現住所**：

家　族：妻、娘、息子

趣　味：ビジネス、スポーツ（マラソン）、読書、映画鑑賞、酒

人生歴：

幼年期　次男坊として生まれ、野山を駆け回る落ち着きのないヤンチャな幼少期を過ごす

11歳　埼玉県北部の超未開拓地へ転居。学期途中の編入転校生。１ヶ月後にはクラスのリーダーへと頭角を現す。**（⇒根っからの関わり力＝コミュニケーション力は、この時期の切磋琢磨で花開いたようだ！）**

12歳　中学校入学と共に創部したサッカー部へ。**（⇒以後サッカー中心の青年期始まる！）**
創部３年のチームを主将として率いて、県大会初出場（ベスト32）を果たす。

15歳　埼玉県立松山高校入学－通学距離が山越え12kmと壮絶だったものの、なんと皆勤賞獲得**（⇒この時期に、体幹が鍛えられ、頑丈さが一番の売りに！）**
松山高校は旧制中学からの「歴史」、「男子校」、「ガクラン」というバンカラな校風が売り物、有名な？先輩にはあの「　　元衆議院議員」など・・

18歳　サッカー王国埼玉にて県ベスト16を果たし、赤城国体予備候補合宿参加、西部選抜メンバー選出。
主将として挑んだ最後の大会は、惨敗。**（⇒人心掌握は難しい～、120名超の部員をまとめるのは超た～いへん！）**

19歳　浪人生活を経て、明治大学政治経済学部に入学。当時日本の経済は世界一（Japan as No.1時代）、スーパービジネスマンを目指し、初めて勉学に気合をいれた。といっても、課外授業が中心。製造工場作業員、家庭教師、塾講師、マーケティング企画会社、吉野家などのアルバイトを通じて、人生を楽しく、多面・多層的に学ばせていただいた。早く実社会へ出て働きたい、活躍したいという強い想いを募らせた時期。**（⇒出会った多くの諸先輩から、いろいろな人生訓・生き方を学ばせていただけた！）**
就活では、Ｄ広告代理店を第一志望し、そこで出会ったＡ部長から一喝「君の生きているベクトルが全く見えてこないぞ！」と。**（⇒これは響いた、それから３週間深く深く内省して、軸が決まった「俺はアグレッシブな人間だ！」）**

'89/4　　株式会社入社。一流ビジネスマンを目指し、仕事漬けの日々が開始。
ブランド企業を目指す仲間を尻目に、果敢に店頭上場のユニーク企業を選択（以後３年で東証１部へ上場）
感情と勘定は仕事の両輪というオナーの理念の下、破格のサラリーを得て正に「バブル」であった（笑）。
無線通信機器（コードレス電話）OEM販売を担当し、国内有名ブランド（Ｍ電機、Ｃ計算機、Ａ社、Ｄ社等の企画商品全般をプロデュース。**（⇒この時期に物作りのビジネスセンスの基礎を身に付けさせてもらった！）**
経営陣を筆頭に超カッコイイビジネスパーソンがたくさんおり、いつもワクワク、早くああなりたいなぁ～、いつか追い抜くぞ～と思って、あらゆるコトにすべて１２０％で望み、やり切っていた。**（⇒中途採用も多く、他業界の、皆がいう一流企業の出来るビジネスパーソンに囲まれ自然と学ぶ機会に恵まれた時期）**

'91/9　最大アカウントＳ社の担当責任者に抜擢。と同時に、ターゲットの主戦場は日本から米国へ。
（⇒ブランド企業の商品化プロセス、物創りへのこだわりの姿勢など、仕事の姿勢を徹底して学ぶ！）

'92/7　「中国進出」プロジェクトチームへ参加。香港赴任。中国政府機関とのＪＶ企業を北京に設立。後に、香港事務所代表、上海事務所首席代表などを経験。携帯電話、各種無線機の市場開拓に従事。**（⇒最終的には、「中国の話10分の1」の呪縛にはまり込み、過剰在庫を引き起こし強制送還させられたしまった：涙）**

'94/3　日本に戻りＳ社の主担当、Ｔ社やＮ社などの大手ＯＥＭの担当責任者も任され、海外での失敗を取り戻すべく昼夜を問わず働いた。**（⇒海外駐在経験は、自身のものの見方や考え方に大きな影響を受けた。発想、視点の切り替えができ、前にも増し超ポジティブ発想で何でもチャレンジした。ISO9001取得実行責任者・内部監査員、特別奨励賞受賞・・・個人の成果よりも、チームでの仕事の成果にこだわった時期でもあった。）**

'96/9　国内市場開拓プロジェクトの統括責任者へ抜擢。会社としての長年の夢である国内市場でのブランド定着のミッションに心躍り、さまざまな新興ベンチャー企業とコラボなども模索していった。
この時期の活動により、ベンチャー業界のスピードとパワーとエネルギーに魅せられ、ユニデンという「トラの穴」の卒業を決意、転職・展職・天職へ。

'97/2　ベンチャー企業で脚光を浴び始めた異端、　　株式会社へ（情報・メディア産業）
同社の研究開発テーマ多機能ＴＶ電話ネットワークサービス（コペルネット）事業の立上げに従事。経営者が有名＆ユニークで、役員立候補制度、プロジェクトドライブ（ＰＤ）制度など「自立」「自己依存」を重ん

自分史プロフィール 1401.doc

A4用紙３枚にみっちり書き込まれている

私もコンサルタントとして独立したのを機に、子どもの頃からのプロフィールシートを作成したところ、お客様からの反応は上々でした。

あなたも、自分の売り込みをさりげなく行なうために、プロフィールシートをぜひつくってみてはいかがでしょうか。

自己紹介は、相手との距離を縮め、信頼・信用を築き、生産性の高い営業活動を実践するためのきっかけとなります。用途や目的、お客様先別にバリエーションをつくり、使い分けてもよいでしょう。

4 ディープインパクトを残す名刺

名刺はオンデマンド情報である

名刺も、発信力の強い武器ですね。

私は、自分で名刺をつくるようになってから、既に10年以上が経過しています。今では、「【今月の名刺】の福島さん」と言われるようになりました。

私の【今月の名刺】は、相手の関心度合いを量る有効なツールになっています。一目置いていただいているお客様からは、「今月はどんな名刺なの？」とお声をかけていただけることもあります。

［今月の名刺］の例

表

裏

人の元気、ビジネスの元気、会社の元気を創る！
【営業に元気なくして、企業に元気なし！】
～自ら踏み出す力（営業開発力）で未来を切り拓こう～

◆HP：http://www.development-coach.com/
◆ブログ［今日も元気にKTでいこう］：http://kytokt.blog44.fc2.com/
◆facebook：afukus.dfi　◆twitter：afukus
◆次世代営業研究会：http://www.dfi.co.jp

【略歴】習志野市在住/M大学卒→無線機器メーカー（店頭→東証2部→1部）→香港・中国駐在→ヘットハントでベンチャー企業（2社経験）→コンサルタントとして独立・起業→皆様とのご縁のお陰様で現在に至る

【今月の名刺】 5ヶ月分で特製粗品をプレゼント中♪
街で見かけたら「名刺くれ！」と声かけてください！

ver 1501

中面

◆2013年11月版◆

【今月の語録】

【「日々是営業」の精神が大事】

右書より。フリーという立場で仕事をする者にとって、仕事がない状態が一番つらくしかも不安定。その状態を解消し、「継続的に仕事がくる」状態をつくるコトがなにより大事。しかしながら、仕事であれば何でもよいわけではない。自分の得意分野の仕事でなかったり、手間ばかりでフギャラにつながらないう仕事ばかりでは楽しめない。「自分にしかできない」、「自分のやりたい仕事」を継続的するためには、「選ばれるフリー」にならなくてはダメと。著者が実践してき「自分のやりたい仕事だけで廻していく」ためのノウハウ（営業の仕方やクライアントとの日常の仕事での留意点など）を公開。フリーの方のみならず、組織で働く人に役立つ具体的ノウハウ満載です、ぜひご一読をオススメします♪

【今月のオススメBOOK】

フリー・エージェント・ネットワークの仲間が本を出版しました。フリーに限らず、仕事のヒントが満載（福）！！

「やりたい仕事」で稼ぎ続ける!
フリーランスの仕事術

長谷川　華（著）
出版社：同文館出版　単行本：192ページ
価格￥1,470（税込）　発行年月：2013年9月

Free Agent Network
コラボレーション・プラットフォーム ～フリーで働くひとたちによる無限のコラボ
オールフラットで 自分らしく「認め合い」「与え合い」「高め合う」場
Google又はFacebook内「フリー・エージェント・ネットワーク」で検索！

◆2013年11月版◆

2つ折りの名刺で、中面には「今月の語録」「今月のオススメBOOK」を掲載。毎月お渡ししても飽きない工夫をしている。

営業パーソンが、お客様から関心を持ってもらえるというのは、とてもありがたいことです。

私も独立した頃は、どのような名刺にしようか、いろいろと悩みました。それまでは企業に勤めていたので、既に定型のフォーマットがあり、あまり悩むこともなく、それを使っていました。

しかしながら、あるベンチャー企業では、名刺1枚すらムダにしない知恵を絞っていました。それは、キャンペーン中にシールを貼ったり、肩書きやタイトルをユニークなものにしたり、名刺のカラーバリエーションがあったりといったものでした。

とにかく、営業パーソンとして、お客様の記憶に残るために、知恵を絞っていました。営業活動の中でも、名刺は重要な「顧客接点ツール」ですから。

お客様の記憶に深く長く残る「切り取る名刺」

自分で名刺をつくるようになってから、いかにお客様の記憶に深く長く残るのが大事かがわかるようになりました。

ある打ち合わせのとき、いつもは名刺入れに名刺を入れてあるのですが、前の会議でたくさん名刺交換をしたために、名刺が切れてしまっていました。

私のオンデマンド名刺では、10枚ごとに名刺専用のシートに名刺を印刷しています。さらに常にこれを持ち歩いているので、予備はありました。

そこで、「すみません、名刺を切らしてしまったので、ちょっと名刺を準備してもよろしいですか？」とＯＫをいただき、シートごと取り出し、バリッと切り取ってお渡ししたのです。すると、「名刺を切り取って出したのは、私の人生で福島さんが初めてですよ」と、いたく驚いてくださいました。

このように、**ちょっとしたことでも相手に印象を残すことも、発信スイッチの１つ**だといえます。

人と違うことは、相手の記憶に残るうえで、とても大事なことです。

営業パーソンは、一度お会いしたら、一生忘れないようにするのが仕事です。そのような中、「以前お会いしてましたっけ？」と言われてしまうのは、営業パーソンとしては、とても残念であるということを自覚しておきたいですね。

無理に目立とうとするのではなく、さりげなく相手の記憶に残る工夫をすることを心がけたいものです。

2枚目の名刺は当たり前？

私が社会人になった頃は、「名刺を2枚持つビジネスパーソンを信用するな」とよく先輩達に指導されました。これは、1つの仕事をしっかりとやり切っていない中途半端なビジネスパーソンとの付き合いは気をつけなさいという警鐘でした。

しかし、今では、2枚目の名刺を持つビジネスパーソンはたくさんいます。

しかも、実力のある方ほど、2枚目の名刺を持っています。名刺用紙やソフトが充実したり、オンデマンド印刷が簡単にできるようになった現在、2枚目の名刺も簡単に作成できるようになったことも、その一因だと思います。

私が以前配っていた2枚目の名刺は、あるひいきの飲食店につくっていただいた、「宴会部長」という肩書のついた名刺でした。

私の2枚目の名刺

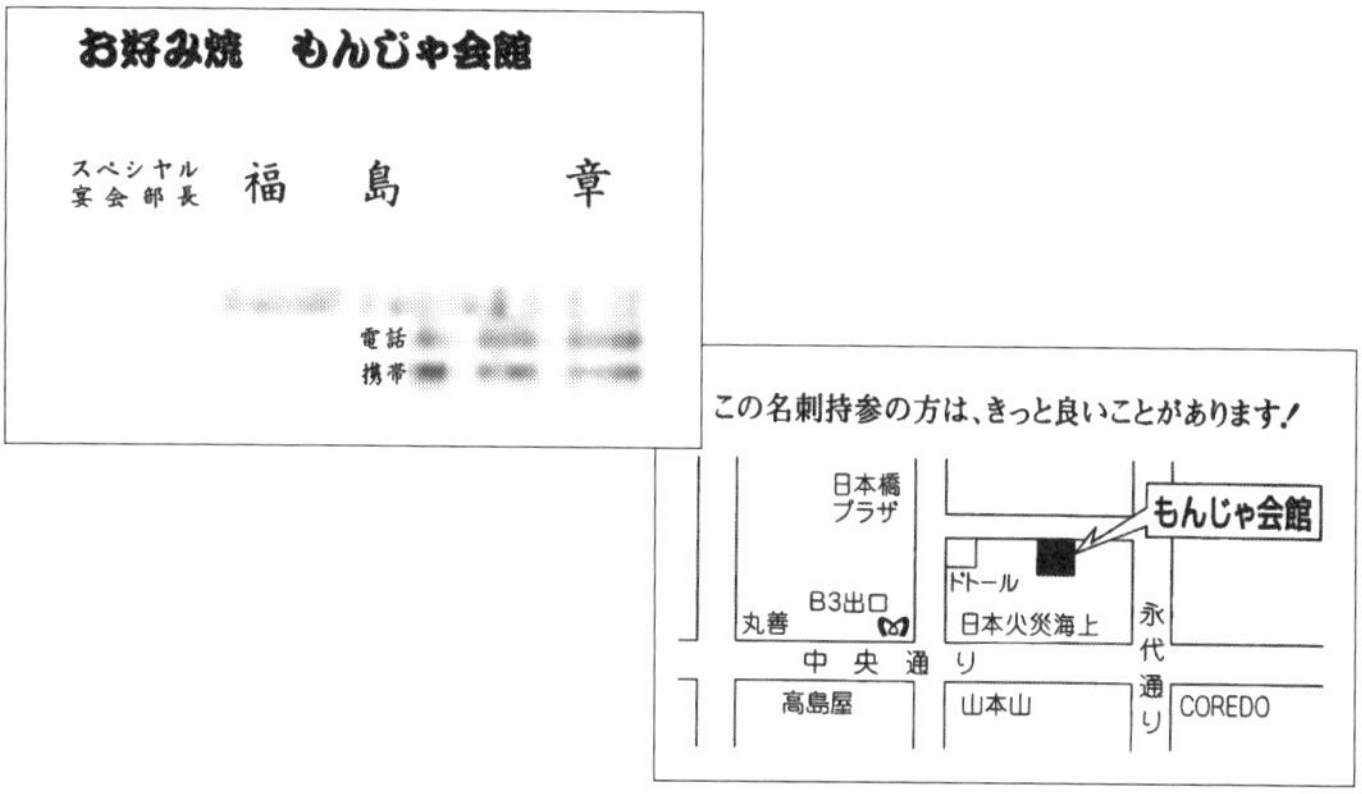

その当時は、実際の仕事では課長職だったので、仲良くなったお客様に、話のネタとして配っていました。周囲からおいしいお店を聞かれることも多かったので、自分がひいきにしていたこの飲食店への地図を記載して、面白名刺として配ったのです。

「今度、部長に昇格したんです（笑）」などと言いながらお渡しすると、「今度寄ってみるよ」と言ってくれる人も多いものです。

おまけに、その名刺の裏には、「この名刺を持参すると、何かいいことがありますよ！」と印字しておきました。お店からも、お客様からも、とても喜ばれる2枚目の名刺でした。

個性を大いに発揮できる2枚目の名刺は、お客様から一目置かれるのに便利なツールです。

5 徹底的に差別化する！オリジナルツール

会社の資料に頼らず、チラシを自作する

本項では、お客様へ、嫌みなく自分自身を売り込む発信スイッチとして有効な、さまざまなツールをご紹介します。

まずは、お客様へ提供する情報は、会社があらかじめ準備しているパンフレットだけに頼らないようにしましょう。

企画マーケティングや商品開発部門が、頭脳と労力をかけて作成してくれるパンフレットは、とてもよくできているものが多く、商品に対して、ムダなくセールスポイントも整理されていて、完璧なものが多いです。ですが、ちょっと杓子定規というか、お客様一人

ひとりの気持ちをつかむものにはなっていません。

私は、ベンチャー企業で常にバージョンアップを繰り返す商品を扱っていたので、パンフレットを自ら作成し、臨機応変にバージョンアップさせていくということを実践してきました。

パワーポイントなどを使って自分で作成するので、手づくり感満載のチラシです。お客様に、自分の扱っている商材に関心を寄せていただくための「**ノッキングツール**」として、このチラシをよくつくっていました。会社が制作するパンフレットなどは、いいことしか書いていませんから、お客様の本当の「?」には答えていないケースが多いのです。

企業によっては、HPを見ておいてくださいということもありますが、これも親切ではありません。HPに整理してあるものを、自分なりのチラシにして提供するほうがもっといい自己表現となります。

パンフレットやHPの内容に、お客様の立場に立った視点を盛り込み、自分の想いを込めて手間暇かけてつくりましょう。会社からあらかじめ準備されているものよりも**「自分チラシ」を付加するほうが、信頼は確実にアップする**でしょう。これは営業パーソンとし

自分チラシの例①（サービス）

ありきたりな会社案内

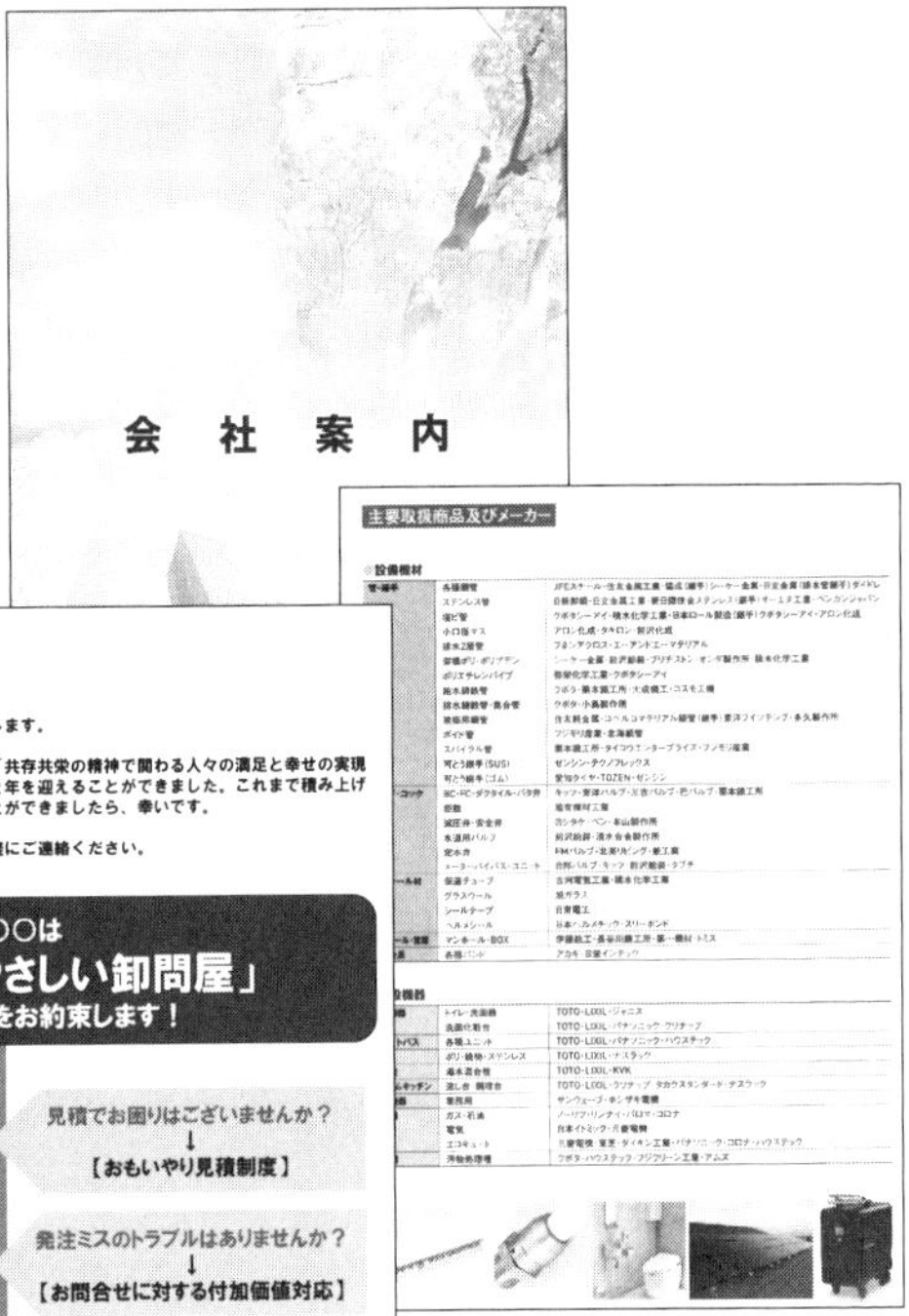

＿＿＿＿＿＿様（御中）

初めまして！○○○○株式会社（○○○○）と申します。

設備機器・設備機材・住設機器の専業卸として、「共存共栄の精神で関わる人々の満足と幸せの実現を目指す」という経営理念の下、お陰様で創業６２年を迎えることができました。これまで積み上げて参りました信頼と実績で、御社のお役に立つことができましたら、幸いです。

何かお手伝いできることがございましたら、お気軽にご連絡ください。

○○○○は
「工事店様にやさしい卸問屋」
であり続けることをお約束します！

配送でお困りはございませんか？
↓
【やさしい配送システム】

見積でお困りはございませんか？
↓
【おもいやり見積制度】

最新情報はタイムリーですか？
↓
【最適購買のお役立ち情報提供】

発注ミスのトラブルはありませんか？
↓
【お問合せに対する付加価値対応】

現場のクレーム対応は十分ですか？
↓
【逃げないクレーム対応】

いざ困った時に頼りになりますか？
↓
【新規付加価値の追求】

問い合わせ電話がたらい回しされてませんか？
↓
【全社全員営業体制】

いつでも「ありがとう」
を頂ける○○○○を目指しています！

★私がご担当させていただきます！！

○○○○株式会社　◆◆営業所　（氏名）□□□□
（一言）・・・・・・・・・・・・・・・・・・・・・
・・・・・・・・・・・・・・・・・・・・・
代表番号：　　　　　　携帯：
メール：

相手のニーズに沿った自分チラシ例

自分チラシの例②（私個人）

私のモットー

「営業に元気なくして、企業に元気なし」

【営業】とは、関係者の皆さんの「元気」を創り出す（開発する）活動のこと
～人の「元気」、ビジネスの「元気」、会社の「元気」作りのお手伝い
（※元気=健康、健全な状態）

【（営業）人に元気なくして、企業に元気なし】

行動に変化なくして、人に元気なし

経験の豊かさなくして、人に元気なし

心と頭の成長なくして、人に元気なし

◆各種プロフィールシート

※営業ツール開発セミナーご相談ください

◆各種ワクワクお土産ツール

オリジナル化が最大の差別化戦略！

P4

Development-Coach .com
Akira Fukushima

○○○主催　直面問題会議　ご参加の皆様へ

◆◆◆事業の顧客満足度を高めるために
～顧客接点でのブランド力向上に向けて～

こんにちは！！
元気を出す営業開発コンサルタントの福島章です。
「営業に元気なくして、企業に元気なし」。
会社の元気は、皆さんの「KT力」で決まります。
短い時間ですが、本日一日、宜しくお願いします。
本日承れなかった疑問や質問、その他各種相談もお気軽に、以下↓↓メールアドレスへご連絡ください。

2010○年○○月○○日　福島章

●24時間困ったときは、いつでも、どこでも、どこからでも・・・
ダイレクトメールアドレス：afukus@dfi. co. jp（24H）

一生懸命

この出会いをご縁に・・・！
●営業コンサルティングのご依頼
●講演・研修・営業コーチング等のご依頼
http://www.development-coach.com より
●「次世代営業研究会」への参加
http://www.dfi.co.jp から

P1

営業という仕事について

ビジネススクールでは依然「営業の技術」は教えない。

もし営業がなかったら、経営する必要もないという当然な事実を見逃してるためだ。

経営に携る人たちには、この現実がわからないために、販売やそのテクニックややり方は自分たちよりも下の仕事だと考えがちである。

ビジネスで成功するためには、まず安定した売上と利益をあげなければ成立しないという、当たり前の実をどういうわけか軽視してしまっている人々がいる。

自分の所得も利益も市場にあるということを忘れてしまうのである。

これを自覚し、実践しているのが、プロの営業マンである。

プロの営業マンは皆、その秘訣を「お客様（相手）から信頼されることです」と答える。

人から信頼されることは、お金では買うことができないのである。

21世紀は、営業的な人材しか生き残れない、そんな時代である。

◆The Rules for Good EIGYO Person◆

- □ 良い営業マンになりたければ良いお客様を見つけなければならない
- □ お客様はモノが同じならサービスの良い方を選ぶ
- □ 長い目でみれば新しいお客様を獲得するよりもこれまでのお客様をつなぎとめておく方が安く上がる
- □ 一人のお客様の不満は百人のお客様の満足を帳消しにしてしまう
- □ 期限というのは絶対的なものであり、お客様はそれをあてにしている。待たされれば誰だって怒りだすものだ
- □ お客様はあなたから商品を買っているだけでなく、あなたという営業マンとの人間関係もかっているのだ

【参考】OK！あなたから買おう マークマコーマック「人間理解」の営業力

P2　Development-Coach .com

営業職に従事する10の意義

DFI

1. 営業は、誰でもできる仕事ではない！
2. 営業は、多くの雇用を支える代表としての自負と自覚をもて！
   ～会社の代表、会社の顔、お客様と接点、給料の源泉
3. 営業は、会社の発展・存続に必要なお客様との重要な架け橋役！
4. 営業は、自立した個として、あらゆることに責任を持て！
   ～負う責任の大きさが、人としての成長を決める
   対会社、組織、上司、部下、同僚、お客様、そして自分自身
5. 営業は、自分自身の成長が全て反映する仕事！
6. 営業は、やり方二分に、在り方八分！
7. 営業は、クリエイティブな仕事、工夫次第でなんでもできる！
8. 営業は、自分で道を切り開く、だからこそしっかりとした人格が育つ！
9. 営業は、超高次元のコミュニケーション開発活動である！
10. 営業は、人生と等しく、自身の学び続ける姿勢が問われる！

商売はあきないという
それはおもしろくて
しかたがないから
あきないのだ
いつもおもしろいから
笑顔がたえないから
「笑売」となる
「いらっしゃいませ」
「ありがとうございます」
いつも活発だから
「勝売」となる
あきない商売を
おもしろくないと
思っているとすぐあきる
いつも不平不満や
愚痴がでて心が次第に
傷ついて
「傷売」となってしまう
こんなお店には　そのうち
誰もよりつかなくなり
「消売」となって消えてしまう
「笑売」をしているのか
「傷売」をしているのか
「勝売」をしているのか
あきない商売をしているのか

仙臺四郎作

P3

A5用紙に両面印刷し、半分に折ったものを配布していた

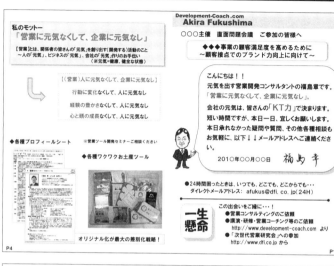

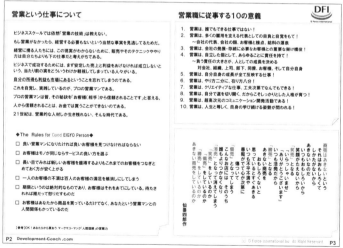

ての強力な発信スイッチだといえます。
オリジナルツールは、ちょっとした一工夫でお客様から一目置かれる発信となります。
以下にそのアイデアをご紹介します。

・「プチ手土産」攻撃

研修トレーニングの仕事をするようになってから、受講生との接点として、私が実践している発信方法があります。それは、先方の企業の許される範囲内で**チョコレートやアメといった手土産を持参する**ことです。研修で疲れた頭に糖分を入れてもらおうというのが目的ですが、ただ渡すのではなく、オープニングオリエンテーションと絡めたり、クイズ形式などにして渡しています。これはせっかくの研修なのだから、楽しみながら講義に集中してもらおうと考えた、私の自己表現の1つです。

もちろん、お菓子を手土産に携えてやってくる講師などあまりいませんから、受講生に対しては、とてもユニークな差別化にもなっているわけです。

栄養ドリンク、軽食、お菓子、チョコ、ちょっとした文房具など、お客様との接点で、ちょっとユニークで気の利いた、記憶に残るプチ手土産を編み出してみてください。

スマート接待ツール

お忙しいところ、お手数をお掛けします。
領収書の発行をお願い致します。
宛名は・・・・

株式会社ディ・フォース・インターナショナル

・・・でお願いします。
ありがとうございます。

・スマート接待ツール

接待など、お客様と食事をしているときに、「領収書の宛名は……」などとやりとりをしていると時間がかかってしまい、お客様をお待たせしてしまうことになってしまいます。

そんなときに使うのが領収書の宛名をプリントアウトしてパウチしたカードです。支払用のクレジットカードと一緒に、このカードをお店の会計担当の人に渡すと、領収書に宛名が記載されて、戻ってきます。

これは、営業職であった父親が使っているのを見て、真似させてもらったツールです。今では、私の後輩達も真似しています。

6 アクセス方法の多様化に対応する

「携帯電話番号と24時間表記」で署名にも差別化を！

お客様への提案書を作成する際は、**最終ページに一工夫**をしています。何をしているかというと、1ページを丸々割いて、自分自身へのアクセス方法を記載しておくのです。電話番号、携帯、携帯メール、Gmailアドレス、FAX、フェイスブック、ラインなど、自分の連絡先すべてです。

これは**「お客様のお好きなコンタクトをしてください」という意思表示**です。

今では名刺やメールの署名などで、携帯番号の明記は当たり前ですが、携帯電話番号の公開と24時間表記も、とてもいい武器になりました。

まだ携帯番号が仕事のツールとして一般的ではなかった時代から、私はいつもお客様に自分の携帯電話番号はオープンにしてきました。個人所有の携帯でしたが、「090-XXXX-XXXX（24h）」と書かれたシールをつくって、名刺に貼っていました。

これは冗談抜きに、「24時間いつでも、思い立ったらお電話ください」というお客様へのメッセージです。

あるビジネスの立ち上げで、お客様の不平不満やクレームの実態について研究したとき、「**人は不満に思ったことをすぐに伝えられないことが、一番のクレームなんだ**」ということを知ったのが、24時間表記をはじめるきっかけでした。

確かに自分も、不具合が起こった電子機器について、お問合せ電話にかけたら、「このお電話は17時までです。翌日9時以降におかけ直しください」とアナウンスが流れたときは、むっとしてしまいます。

お客様に気に入ってもらうためには、他人と同じことをやっていてはダメです。携帯電話には、留守番電話機能もあるし、着信履歴も残る。お客様に「いつでもコンタクトしてください」という意思表示をすることはとても重要です。

なお、24時間電話では、クレーマーに追いかけられるようなケースもゼロとはいいません。しかし、営業パーソンとして、お客様に対してオープンでいることはとても大事なことです。少々のリスクや手間を避けてはいけません。できる限りの工夫をして、お客様も喜び、自分も喜ぶものへと変えていくようにしたいものですね。

自分独自のフッターとキャッチフレーズ

メールのフッターに工夫をしていますか？

今やメールは仕事の必需品。自分流に活用することも、発信スイッチの1つです。

例えば、次ページは現在の私のメールの署名部分です。

署名部分に、連絡先などの必要情報と共にキャッチフレーズなどを入れて、お客様にメッセージを発信しています。営業パーソンからのメールで、フッターに社名と名前と所在地しかないようなケースに出会うと、もったいないなとつくづく思います。

私のメールの署名

☆時々ブログ「今日も元気にＫＴでいきましょう♪」
　http://kytokt.blog44.fc2.com/
☆ほぼ毎日更新Facebookページ
　http://www.facebook.com/afukus.dfi
☆時々つぶやきツイッターはこちら
　http://twitter.com/afukus
☆ビジネス開発コーチのサイト
　http://www.development-coach.com
☆☆人の元気、ビジネスの元気、会社の元気を創る！☆☆
　元気を出す営業開発コンサルタント／コーチ
　福島　章　（フクシマ　アキラ）
　株式会社ディ・フォース・インターナショナル（ＤＦＩ）
　代表取締役、次世代営業研究会　主宰
　企業研修講師・人材開発トレーナー
　営業コーチ＆ファシリテーター
☆E-mail:　afukus@dfi.co.jp
☆Tel: 090-XXXX-XXXX (24hrs)
☆Fax: 03-XXXX-XXXX (24hrs)
☆Head Office
　東京都渋谷区神宮前6-18-8ニュー関口ビル4F　A2内(〒150-0001)
☆Welcome Office［情報オアシス神田］ http://www.jo-kanda.com
　東京都千代田区神田多町2-4第２滝ビル５Ｆ(〒101-0046)

7

一事が万事、圧倒的な表現力は絶対的な差別化となる

表情や声は大事な発信スイッチ

発信スイッチが入ったからといって、何でも闇雲に発信すればいいということではありません。「一事が万事」を忘れないように、発信スイッチを上手にコントロールしていきましょう。

ここまででご紹介したように発信スイッチを効果的にするツールは山ほどありますが、営業パーソンにとって、一番有効なツールは何だと思われますか？

それは、**営業パーソンの「顔」**です。

顔は、さまざまなことを表現します。「表情」とはよくいったもので、あなたの「情」を的確に「表」わしているものです。

私が組織に所属していた頃は、営業パーソンの採用のための面談を担当することがありましたが、やはりこの表情というのは、偽れないものです。

一所懸命に笑顔を繕っていても、ふっと気が抜けたときに、普段の表情（例えば険しかったり、気難しそうだったり）が出てしまう。これではダメです。

対人力、対面力が弱くなっているといわれる昨今だからこそ、逆に「表情」は一番強力な武器となります。しっかりと表情を鍛え、常に発信スイッチを入れている状態にしておきたいですね。

顔には50以上の筋肉があるといわれ、表情を鍛えて豊かにするための体操などもあります。本気でお客様に一目置かれる存在になる営業パーソンを目指すなら、表情が出にくい人は、そういった体操を行なってみるのもいいでしょう。

また、「声」にも表情があるといわれます。いわゆる「声色」ですね。

営業パーソンは元気はつらつな声の人が好まれるのも、声に元気やパワーがなければ、仕事を一緒にしたいとは思われないからです。

自分自身が発しているメッセージは「一事が万事」、しっかりと営業パーソンとしての想いを込めたものにしていく必要があります。

反応姿勢、聴く姿勢も発信スイッチ

5章でお話しした受信スイッチとも大きく関係してきますが、人は誰でも、話を聴いてくれる人に好意を抱くものです。

その意味で、営業パーソンは、自分についてや自分の商売の話をたくさんするよりも、相手の話をたくさん聴く姿勢が大事だといわれます。たとえ相手が、話したがらないタイプであったとしても、あなたの聴く姿勢、反応する姿勢を緩めてはいけません。

しっかりと「あなたの話を聴いてますよ」というサインを送り続けましょう。

ちなみに、あなたは、相手の話にうなずくとき、どのくらいのうなずきを意識的に使い分けていますか？

うなずきの大きさ、角度、リズム、表情、うなずきに添える言葉……。我われ営業パーソンは、聴く姿勢を通じても、自己を発信するプロでなくてはなりません。

お客様に向き合う際の一挙手一投足は、すべて発信スイッチだということを忘れないようにしてください。

「今度は今度、今は今」のスピード対応

私が以前よく使っていた言葉に、「今度やります」というのがあります。これは、すべてを後回しする代名詞です。

10年程前に、ある勉強会で、フィードバックされた言葉があります。それは「**今度は今度、今は今**」という言葉です。「今度やります」と言う人は行動しない人ですよ、という意味です。結果を出す人や成功する人は、今やれることを、今やれるところまで、今やるんです。「今度」なんて言っていると、ずっとやらないよ、と。

これには、何も言えませんでした。実際、私も、「今度やります」と言いながら、その場をやりすごしているに過ぎなかったのです。自分では、「今は無理だけど、時間ができればやろう」と、無意識に思っていたのでしょうね。

営業パーソンにとって、**スピード対応（即応力）は、相手からの信頼を勝ち取るうえでの強い武器**です。

例えば、電話に出るスピード、着信に折り返すスピード、メールへのレスポンススピードなど、お客様とコンタクトする局面で、発信スイッチを入れた対応をすれば、相手の記憶に残し、信頼へとつなげることができます。

私が駆け出しのビジネスパーソンの時代、「電話は呼び出し音2コール以内にとれ！」と厳しく指導されました。

他の人のデスクで鳴っている電話も対象です。横取りボタンを押して、2コール以内に出るようにする。そんなことを1年近く続けていたら、静かになったフロアーで残業をしていたときに、かかってきた電話に呼び出し音が鳴るよりも前に出て、相手の方にえらく驚かれたことがありました。

昔の電話交換機は、電話の呼び出し音がなる前に、小さく「カチッ」と通電音が鳴っていたのです。それで、無意識に、その「カチッ」が電話の鳴る合図だとわかって、受話器を上げていたわけです。

徹底してスピード反応を心がけることでも、相手に感動してもらえるのだと感じた瞬間でした。

圧倒的なスピードが感動を生む

また、携帯電話が普及したことで、スピード反応にプラスαができるようになったことを実感したことがありました。

コンサルタント仲間のK氏にいつものように携帯で電話を入れたところ、電話に出るなり「福島さん、お電話ありがとうございます」と、「もしもし」ではなく、いきなり名前を呼ばれて感謝されました。

携帯電話には、電話番号を登録しておけば、着信相手が表示されるわけですから、相手が誰かを特定できるわけです。ですから、感謝を込めて、相手の名前を真っ先に呼ぶことも可能なのです。これにはとても感動しました。

メールへの返信にも、スピード対応（即応力）が求められます。

私は、フリーランスで仕事をしていることもあり、**メールへの返信は「即レス」が基本**です。

時間がかかるような要件については、時間がかかりそうな旨と、返事がいつ頃になりそうかを「即レス」します。既読スルーは絶対にしないように心がけています。

忙しい世の中だからといって、何もそこまでやらなくてもいいのではないかと思う方もいると思いますが、営業パーソンの一挙手一投足は、すべて発信スイッチになるわけですから、常に相手の期待を超える行動を徹底して意識していかなければなりません。

営業パーソンの言動は、常に相手に何を伝えたいかという、発信スイッチの視点を持ったものにしていきたいですね。

8

狭く深く発信して
オンリーワンの存在になる

「姿勢」を伝える発信メッセージ

圧倒的な差別化を生み出すことができる発信スイッチは、他にもいろいろなものがあります。

自分が発信したいことを明確にし、そのメッセージを研ぎ澄まして、営業パーソンとしての「姿勢」を伝えていきましょう。お客様に好意を持ってもらおうとするあまり、相手に迎合しすぎてしまうと、面白くない、記憶にも記録にも残らない営業パーソンになってしまうこともあるので注意が必要です。

お客様から選ばれる営業の10の行動指針

①高いより安いほうがいい

②仏頂面より笑顔のほうがいい

③遅いより早いほうがいい

④古いより新しいほうがいい

⑤特徴がないより少し変わっているほうがいい

⑥現状維持より常若《とこわか》のほうがいい

⑦ミスはあっても少ないほうがいい

⑧１回きりより末永いほうがいい

⑨アマチュアよりプロのほうがいい

⑩セールスパーソンよりパートナーのほうがいい

これまでの私の営業経験を振り返り、私なりの「お客様から選ばれる営業パーソンになるための10の行動指針」を整理してみました。営業パーソンとして、自分自身の売り（強み）姿勢をしっかりと認識して、自己表現していくヒントにしてみてください。

お客様から一目置かれ選ばれ続ける営業パーソンになるためには、どれも当たり前のことではありますが、**一つひとつの行動に意味を持たせることが大事**だと思っています。

①は、価格を安くするという意味ではなく、お客様にお得感を味わってもらう工夫をするという意味です。
②は、いつも頑張っている営業パーソンは、「顔晴っている」ということです。
③は、いつでもどこでも、即応力を追求すべきということです。
④は、新しい価値の提供に余念がない営業パーソンでいるように、古きにあぐらをかいてはダメということです。
⑤は、差別化やオリジナリティを前面に出していくべきということです。
⑥は、常若《とこわか》とは、いつでも新鮮に保つ工夫をすること。人間関係にもいつもいい緊張感を持とうという意味です。
⑦は、人間なのでミスがあるのは仕方のないことですが、できるだけ数を少なく、素早くリカバリーできるようにしようということです。
⑧は、1回のお付き合いを末永いものに変えるのが営業の神髄ということです。
⑨は、営業のプロ、対人関係のプロでいようということです。
⑩は、お客様に選ばれるパートナーを目指そうということです。

「広く浅く」から「狭く深く」へ

日々進化する情報化社会のため、対人関係は希薄になってきています。ビジネスライクな付き合いも増え、仕事は仕事、プライベートはプライベートという考え方が強くなっています。こんな世の中だからこそ、対人関係の重要度がアップしていると思います。

お客様のマインドシェアを獲得するためには、「広く浅く」のお付き合いではなく、「狭く深く」のお付き合いを心がけていきましょう。

そのためには、時に相手の期待を超える、**「ここまでやるの？」といった驚き（サプライズ）**を演出してみるのもいいでしょう。例えば、

- **午前中の商談でいただいた宿題を夕方に持参して出向く**
- **朝一に確認いただけるように夜中、早朝メールをする**
- **商談後、必ず商談でいただいた言葉を付加したお礼のメールをする**
- **直筆の手紙をしたため謝罪に伺う**
- **スーツの裏地に会社の理念を刺繍する**

・月末が近づくとお札マークのネクタイで商談へ
・ネクタイは常に商談相手のコーポレートカラー
・ポケットチーフでオシャレ感の演出
・あえて「白シャツ」、またはあえて「柄シャツ」
・バッジやピンズで自己表現
・マジック（手品）の特技をスマホからのBGMとともに披露

など。これらは、これまで体験した「そこまでやるか？」という発信スイッチの行動事例の数々です。

営業活動には、必ず競合の営業パーソンが存在していることを忘れずに、常に**お客様にとってのオンリーワン**の存在を狙っていきたいものです。私は、「君は変わってるね〜」と言われることが、何よりうれしいと思って営業活動をしています。

どこにでもいる営業パーソンと同じであれば、いつか他の営業パーソンにとって代わられてしまいます。自分しかできない関係づくりを狙って、発信していきましょう！

7章

場を仕切ってポジティブな空気をつくる！「巻き込みスイッチ」

スイッチ⑥

巻き込みスイッチ

「場を仕切れる力は営業活動にも影響してくる。どんな場・人も巻き込んで、いい流れをつくり出そう！」

営業パーソンは、どんな場面でも、周囲を巻き込むことができる「仕切り屋さん」でいたいですね。打ち合わせであれ、会議であれ、宴会であれ、まずは自分が仕切ることを前提で進めてほしいのです。

人が集まる場は、仕切る人によって、その場の空気が大きく変わります。お客様とのよりよい関係を構築していくためには、その最前線の責任者である営業パーソンに、積極的に場を仕切ってほしいのです。

この章で説明する巻き込みスイッチとは、場を仕切って、いい流れをつくる源泉になるためにスイッチです。

お客様とのパートナーシップやコラボレーションなどを創発的に生み出すためには、営業パーソンが中立的な立場で俯瞰し、場を仕切り、双方にとって満足度の高いゴールを常に狙っていく必要があります。

7章では、その場を仕切っていい流れをつくり出す、巻き込みスイッチの実践方法をお伝えします。

1

「巻き込みスイッチ」で「面の営業」を実現しよう

「点の営業」から「面の営業」へ――面差値を上げよう

営業パーソンは、お客様と直接コンタクトをとる存在です。お客様と自分だけの関係で、完結できてしまうことも多いと思います。

次ページの図の左側にある通り、お客様と売り手の営業パーソンが1対1の顧客接点で関係をつくるのが一般的な形ですが、せっかくできた関係を、より広範囲に拡げていこうとするために必要なのが、この巻き込みスイッチなのです。

ここでは、お客様と1対1の関係でセールスが完結しているケースを「点の営業」と呼

「面の営業」で綿密なパートナーシップの実現を目指す

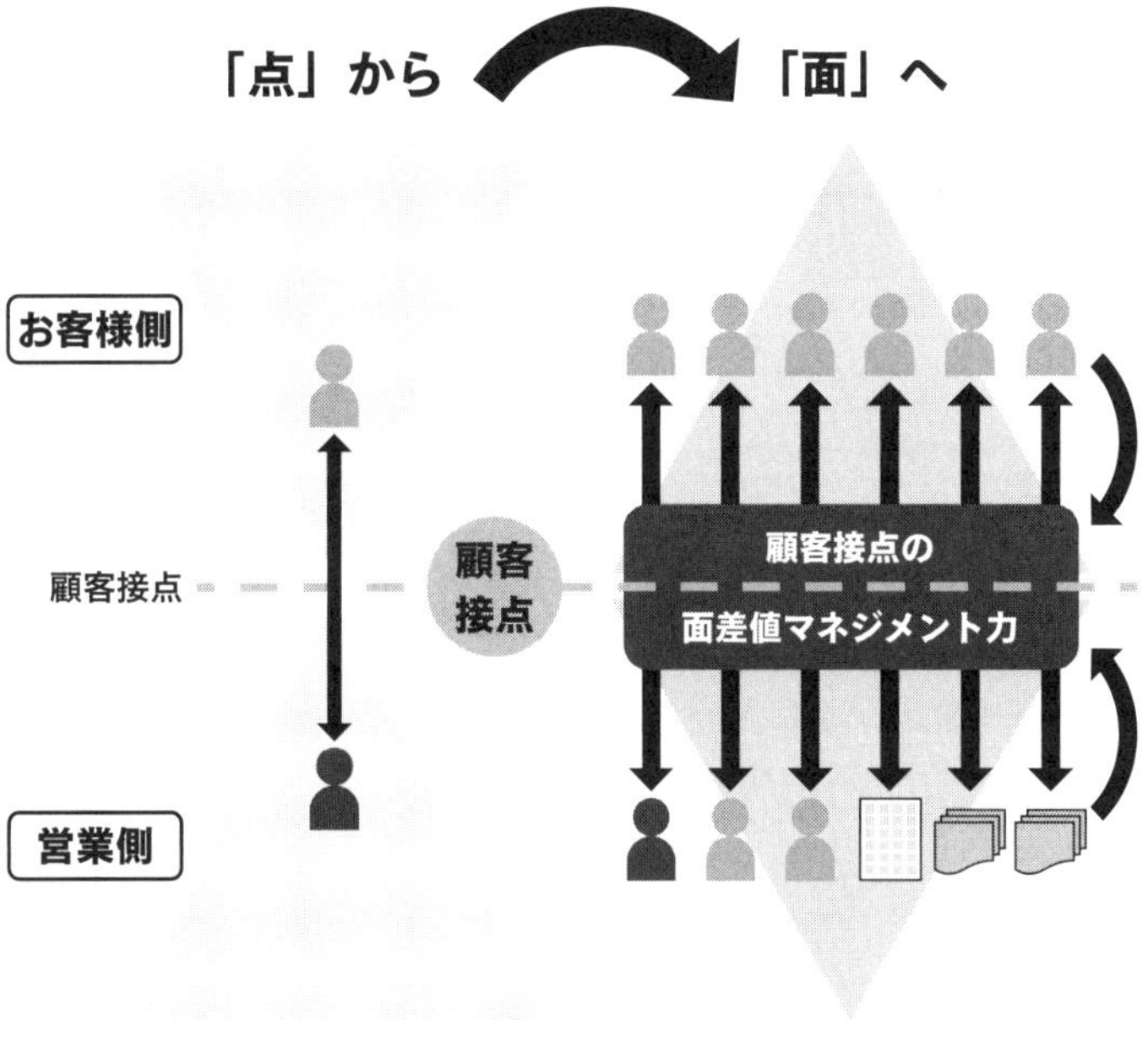

んでいます。「点の営業」も決して悪いわけではないのですが、より強固な関係構築を狙っていくのであれば、ぜひ**1対多数、多数対多数の「面の営業」**を目指していきたいですね。

「面の営業」の実現は、とてもパワフルです。お客様側の組織も巻き込み、親密なパートナーシップの実現が可能となります。

営業パーソンが、1カ所にエネルギーを集中すれば、密度はとても濃くなり、一点突破が可能となります。大工道具の錐《きり》と同じ原理です。

あなたという営業パーソンは一人しかいません。あなたに代わって、お客様から一目置かれる存在を自分の組織に増やしていけば、お客様との関係はより盤石なものにしていくことができます。そして、あなたはもっと多くのお客様から一目置かれるようなチャレンジをしていくことができるようになるのです。

ひとたび取引がスタートした後は、自分側の関係者を総動員して、よい関係をつくっていくことになります。

その際、気をつけなくてはならないのは、自分側の人間が、相手から見てあなたと同じようにお客様に接してくれるかどうかです。もしもそこに自信がなければ、自分が所属している組織全体を巻き込んででも、お客様への面の力を見直す必要があります。

面になると、一つひとつの接点のかかる過重は高くない分、全体で足並みをそろえないと、よいエネルギーは生まれません。

ぜひ、「組織の面差値」を上げていきましょう。面差値というのは私の造語ですが、営業パーソンがマネジメントすべき「組織の営業力」の値を示します。

私がメーカーでOEMの営業担当をしていた頃、エンジニアから出てくる書類はすべて営業パーソンが目を通し、文言を修正して、お客様へ提出していました。エンジニアを信用していないというよりも、お客様へ伝えるべき内容とそうでない内容の区別を技術者に考えさせるのはムダと判断していたからです。

お客様にも、意味不明な内容をお伝えして、余分なやりとりを増やしたくなかったというのもあります。

そして、どのように営業がアレンジしているのか、なぜそのように変えているのかなど、事実を包み隠さずフィードバックし、やりとりを繰り返す中で、エンジニアにも、お客様を配慮した言葉遣いなど、営業的な勘所をわかってもらえるように積極的に共有を図っていきました。

その結果、エンジニア側から、「この書類をそのままお客様に出していいか、チェックしてくれ」と営業へ問い合わせがくるようになりました。組織が「面」として機能しはじめたわけです。

お客様との接点すべてに責任を持ってマネジメントしよう

営業パーソンは、**お客様との接点に全責任を持つ**意識が大事です。

先ほどの図の「面」の接点として関わってくる自分の組織内の人間は、営業パーソン以外に、アシスタントやサポートサービスの人、技術者など多岐にわたるはずです。

さらに、お客様が触れる顧客接点は、人でない場合もあります。例えば、会社案内、提案書、見積書、契約書、請求書、ホームページ、ヘルプデスクなどなど……。とても幅広いはずです。その顧客接点すべてに、組織の人間全員が責任を持ち、「私は直接知りません」といった他責を排することが大切です。

お客様へどのような請求書が送付されるのか？　ヘルプデスクの電話対応のレベルはどうか？　ホームページへの問い合わせに対するレスポンスは？　すべてが、お客様にとって、十分満足のいく対応になっているか否かをチェックしておくようにしましょう。

そして、もし不備や、もっとこうしたらいいのではというアイデアがあれば、どんどん改善のための提案をしていきましょう。

そのアクションの一つひとつが巻き込みスイッチとして、周囲への影響力となっていくはずです。

担当セクションの責任にするだけでは、「面」の力は望めません。組織内を固めるのも、お客様との接点が一番多い営業パーソンの大切な仕事です。

2 おもてなしの達人になれ

参加者全員への「目配り」を心がけよう

営業パーソンは、周囲への目配り、気配りの達人を目指していきたいものです。そのためには、前述の顧客接点に関わる方々へ、「おもてなし」の心を持って行動するようにしましょう。

「おもてなし」とは、「お客様をもてなす」ということ。「表裏無し（おもてうらなし）」ともいわれ、裏表なく、一期一会の精神で、目の前のお客様をもって成すということです。

そのためには、まず、組織に関わるすべての利害関係者への「**目配り**」が重要です。目が届いていないところへは意識は届かず、気配りすることはできませんので、まずは利害関係者を俯瞰して考えておく必要があります。

例えば、このお客様とのご縁をくれた紹介者がいたり、ビジネスを進めるうえで影響力を発揮してくれたお客様側のキーマンだったり……。そういった人を注意深く観察しておき、リストアップしておく必要があります。そして、ビジネスが結実したり、何か進展があったとき、その状況を紹介者や協力者と積極的に共有しておきましょう。

きっと、その紹介者や協力者も、なかなか目配りができているなと、一目置いてくれることでしょう。そのためにも、日頃から自分の注意力や観察力を磨いておくことです。

そして、「目配り」ができるようになったら、今度は「気配り」です。気配りとは、**目配りして目に入ってきたものの〝次のステップ〟を予測する**ことです。

例えば、ある人が何かを探しているような行動が目に入ったら、その人が次に何をしようとしているのか行動を予測して、次の一手を打つということです。

目配りや気配りができる人になるためには、自分の興味・関心領域を拡げていくことが大事です。興味・関心のない領域には、意識はいきません。小さい子どものように、目に入るものに、なんでも興味・関心を抱くぐらいの好奇心を持つようにしたいですね。

「おもてなし」の心で、気配りを繰り返せ

ある老舗ホテルのメインバーでは、お客様へカクテルなどをお出しする際、2杯目以降は、気配りをしているという話を聞いたことがあります。

どんな気配りをしていると思いますか？

お客様は、1杯目を飲んでいるときに、自分の心地よい場所へグラス（コースターも含めて）を動かす方が多いそうです。それにしっかりと目配りをしておき、2杯目は、その場所へグラスを置くように気配りをするそうです。お客様側は全く気づかないのですが、なぜか居心地がよい感じを受けるというわけです。

「おもてなし」で有名なホテルやレストランなどでは、これ見よがしで行なうことではなく、お客様に気づかれない行為の中にこそ、その精神が隠れているのだと知りました。

お客様との出会いは一期一会かもしれませんが、その一瞬一瞬を大切にし、全身全霊「おもてなし」の心でお客様に接することで、「この人と一緒にいると居心地がいいな」と思ってもらえる営業パーソンを目指していきましょう。

3

人が集まる場を仕切る

会議を仕掛けて、会議を仕切れ

いきなり「場」を仕切れと言われても何をしたらいいかわからないと思いますが、商談や会議は1つの場と考えてみてください。

場は、仕切る人と仕切られる人の共同作業でつくられます。

仕切るのが上手な人は、これまでに仕切った経験が多い人です。仕切られる側に回っても、仕切られ方（参加者としての姿勢）が上手です。なぜなら、仕切っているときに、反応が薄い参加者は勘弁してほしいなぁとか、質問がないと場が活性化しないなぁとか、仕切った側からの経験があるからこそ、仕切る側の立場に立って、上手な参加者（仕切られる側）になることができるわけです。

商談のロールプレイングトレーニングでも同じように、営業成績が高い人ほど、お客様役のバリエーションが豊富ということがあります。**営業経験が豊富であればあるほど、相手の立場を慮るバリエーションが豊富になり、状況に合わせることができる**からでしょう。

営業パーソンが巻き込みスイッチを機能させるためには、積極的に「場」を仕切る経験を増やしていきたいですね。いつでも、どこでも、渦の中心になろうという意識を持つようにしましょう。会議などの仕切りに積極的にチャレンジするなど、巻き込みスイッチのトレーニングの機会を積極的に増やしていってください。

参加人数が増えれば増えるほど、意見をまとめるのは、時間がかかるようになります。利害が対立していたりすれば、その手間は想像を超えます。

そのときに求められるのが、「ファシリテーション」をする「ファシリテーター」の役割です。近年、会議においてファシリテーションという言葉をよく耳にするようになりました。詳しくは専門の書籍に譲ることにしますが、**営業パーソンは、常にファシリテーターであってほしい**のです。

ファシリテーターの役割は、「討議の進行役」「意見の調整役」「発言の介助役」です。お客様との会議を進行し、意見や利害を調整し、会議全体が強い意見に偏らないように必要に応じて少数意見などを介助していく、場の生産性を高めるファシリテーション力が営業パーソンにも求められています。

アジェンダから出席者調整、議事録発信まで、場の主体者になれ

ファシリテーションとは、自分の思い通りに会議を進めることではありません。参加者全員が、それぞれに十分満足していただける結果をつくり出すことです。決して、多数決で平均的な結果をつくることでもありません。

そして、利害関係者が自分達の考えを共有し、それぞれの考えに一定の理解を示し、今、ここにいるメンバーの納得度が高い「最善解」「最適解」を狙っていくことが求められます。

場を仕切る人は、本来中立的な立場で場に関わることが求められ、無理矢理結論に導いていくことはしません。お客様も自組織も、参加者全員が納得する「最善解」「最適解」

を導き出すために、平等ではなく、公平な立ち位置を大切にしていきます。

私は、メーカーで営業をしていた頃から、お客様との会議、社内の会議、電話だけでの会議など、あらゆる場面で会議を仕切ってきました。もちろん、当時は、すべてがうまくいったわけではありませんが、場数のおかげで、だいぶ仕切れるようになりました。

私が苦手だったのは、技術用語が飛び交う会議でした。何しろ、最初の頃は、言葉がわからないので、関係者の意見を調整するどころか、振り回されてしまっていました。

そんなとき、ある上席の方から、「わからないことがあれば、そのままにしないで、その場で質問しなさい」と指導されたことをきっかけに、ファシリテーションが上手になりました。駆け出しの頃ですから、わからないことはたくさんあるのです。知識のインプットはしていても、実践では簡単に使えるものではありません。

しかもファシリテーションをしながら、ホワイトボードへの書記役も議事録の書記役も同時に担当していましたので（本来ファシリテーターと書記は別にしておいたほうがよいのですが）、なかなかタフな環境でした。

そこでは、自分が知らない言葉が出ると、「今、なんておっしゃいました？」「それって、どういう意味ですか？」「お手数ですが、素人の私でもわかるようにちょっと教えてくれませんか？」という発言をするようにしていました。

もちろん、質問された方は、ちょっとイラッとし、「そのくらい勉強しておけよ！」なんて言ったりしますが、無下にすれば、自分の度量の狭さを露呈してしまうことにもなるので、丁寧にかつわかりやすく、一所懸命に説明してくれる人が多かったです。

時に、参加していたエンジニアの先輩から「あの質問のおかげで、自分もうろ覚えだったことがよくわかったよ」などと、感謝されたりしたこともありました。

ファシリテーションは、米国からもたらされた多様性を大切にするためのビジネススキルです。米国では、宗教や出身地の違いなど異なったバックグラウンドを持つさまざまな人を効果的に1つの方向へ導いていくのが、リーダーの重要な基本スキルになっているからです。

近年は、日本の企業でも、バックグラウンドの違う人が多く、多様性が増しています。だからこそ、ファシリテーション力を持った営業パーソンが求められているのです。

4 共通体験で一体感を生み出す

一体感を生み出す仕掛けをする

営業パーソンは、お客様との関係を強固にする「場」づくりを仕掛けることが大切です。「場」を巻き込み、お客様との一体感を醸成するために、巻き込みスイッチを発動していきましょう。

まず、お客様との一体感を醸成するということとは、どういうことでしょうか？

いろいろなアプローチがあると思いますが、私は、これまで、「**共通体験**」を大切にしてきました。接待にしろ、飲み会にしろ、食事会にしろ、ゴルフにしろ、すべては共通体験づくりなのです。

お客様から、「そういえば、あのとき、○○○をしましたよね」と記憶に残ったエピソードを話してもらえれば、「場」づくりは成功です。

すると、**お客様とのマインドシェアはますます高まっていく**はずです。マインドシェアとは、お客様の心の占有率です。営業パーソンとして、どのくらいお客様の心の中にお邪魔ができているかということです。

お客様のマインドシェアを高めるうえで、共通体験づくりとともに大切にしたいのが、「**所有感**」です。

所有感とは、自分達も一緒にその「場」をつくったという感覚です。飲み会も全額相手に出してもらっては、所有感はあまり上がらないものです。

例えば、社内の飲み会でも、先輩達が全額おごるということをしないようにしましょう。後輩達にも、主体的参加感、所有感を持ってもらうために、500円でも、1000円でも、自分も応分の参加をしたという自負を刺激することが大切です。

お客様にも、所有感を持ってもらうような機会を、知恵を絞ってつくり出していきましょう。

お客様の所有感を高める企画案

私がおすすめするお客様との一体感を高める方法として、これまで実践してきて、効果があったものをご紹介していきます。お客様との強固な関係構築を目指すための巻き込みスイッチを発動するきっかけとならないか、ぜひ考えるきっかけにしてみてください。

・キックオフ

何かプロジェクトが発足したり、お客様と一緒に取り組むテーマができたときなど、関係各位を集め、プロジェクトキックオフのイベントを仕掛けます。お酒が入る宴会などとセットでもいいと思いますが、会社でのちょっとした懇親会でもOKでしょう。参加する人同士の顔合わせも兼ねて、お互い一所懸命頑張りましょうとエールを交換する場でもあります。

ある営業指導プロジェクトでは、以後徹底的に教育指導されることになる、本来なら参加したくないメンバーにも、あえてキックオフイベントに出席してもらい、所有感を高めてもらうことにしました。そして、無事プロジェクトが完了したときには、そのメンバー達が主催者となって「完了会」を開催してくれました。一体感が生まれた瞬間は何とも言えない高揚感があり、参加者の心に刻まれるものです。

・見学会

工場見学、先方の社内見学、当方の社内見学、倉庫見学など、普段は目にすることがない仕事に関わる場所を、あえて見ていただくというものです。ビール会社が主催する工場見学会も、お客様との一体感を醸成するためのものです。

これは、発信スイッチの章で伝えた自己開示に近いもので、信頼した相手だからこそ、すべてお見せしますという「オープンコミュニケーション」ともいえます。

私もこれまで、いろいろな会社のバックヤードを見せてもらってきました。日頃、表からでは見えない努力や苦労などを共有させてもらえる瞬間でもあるわけです。お客様との信頼づくりにはもってこいの「場」づくりにつながることでしょう。

・記念日

記念日なら、どんな記念日でもいいと思います。

もちろん、お客様のバースデイ記念でもいいのですが、皆からお祝いされる日なので、なかなか差別化できません。それよりは、**「初めての納品日から3年目の記念日」**とか、**「第1世代の製品の生産完了記念」**とか、営業パーソンだから企画できるオリジナリティが高く、両者にとって記念になるイベントであれば、些細なことでも効果が高いと思います。

私が過去に仕掛けた「場」づくりで、**「777万台納入達成記念」**というのがありました。納入台数を記録していたのは、私だけだったので、どこか切りがいいところでイベントを仕掛けたかったのですが、その年は、なかなかいい区切りがなく、こんな数字になってしまいました。お客様からは、「よく数えていましたね」「777とは、縁起がいいですね！」などと声をかけていただき、納入台数にまつわるクイズなどを出して、プロジェクト関係者ととても盛り上がり、一体感を生み出せた事例でした。

・感謝状

お世話になった方への感謝を表わすイベントです。

長らく担当していたお客様が、定年退職する、異動する、辞める、昇進昇格するなど、仕事では直接関係がなくなるような場面で仕掛けてみるとよいでしょう。

私も、ある企業様の担当を外れることが決まって、最後のご挨拶にお伺いしたとき、なんとお客様から、「感謝状」と「記念品」をいただいてしまいました。

手作り感満載の「感謝状」では、エピソードを交えて、過分なお言葉をいただき、さらに非売品の粗品もいただきました。とても驚いたとともに、お客様のお気持ちにとても感動したのを覚えています。忘れられない体験になりました。

お客様との一体感を高めるイベントは、相手を巻き込みやすい「場」です。ぜひ、ダメモトでも、積極的にイベントを投げかけていきましょう。

営業パーソンはイベント企画のプロではありませんから、立派なイベントはできないでしょう。それでも、素人が一所懸命考え、お客様との関係をさらに良好にしたいと思って企画するものであれば、相手は必ず喜んでくれるはずです。そして、そのイベントはお客様にディープインパクトとして残っていくでしょう。

5

流れに棹をさす

「流れに棹をさす」という言葉をご存じですか？　船頭が川の流れに棹を差して、流れに乗ろうとする意味で使われます。つまり、いい流れにうまく乗っていくということです。

営業パーソンは、自分にきている流れを大切にしていきたいものです。しかしながら、せっかくの流れを自ら断ち切ってしまうことを、無意識にやってしまっている営業パーソンも少なくありません。

例えば、**「無理です」「できません」「でも」「ですが」「いや、それは……」**といった言葉を発することです。おそらく本人は無意識に使っているのでしょうが、これらは流れを変えてしまう言葉だということを意識してもらいたいと思います。

もちろん、「無理です」「できません」という言葉を使ってはいけないというわけではありません。十分に考慮した結果、意図を持って発信するのであればいいのですが、その場しのぎで、相手への配慮もなく、無意識に使っていては、いい流れはつくれません。

「でも」「ですが」「いや、それは……」などは、言い訳をするときに出てきやすい言葉です。本人は言い訳のつもりがないのが問題で、お客様からいただくご意見に対して、つい言ってしまうのです。こうした、流れを断ち切る言葉には注意したいですね。

「流れに棹をさす」ためには、まずはお客様の言葉をしっかりと受け止め、それに乗っかっていくことです。

お客様が、「もっと○○の部分を□□にしないとダメだよね？」といったダメ出しをしてくれたら、「いや」と否定せずに、しっかりと傾聴して「ご指摘ごもっともですね、他にどんな点が気になりますか？」などと、相手の真意や本音をつかむようにすることです。

「いや」「しかし」といった否定語を使うと、お客様はそれ以上の情報を出してくれなくなってしまうことになります。営業パーソンは、流れに棹をさすためには、この人は頼りになると思ってもらえるポジティブな発信を心がけましょう。

6

ＫＴ（空気をつくる）営業パーソンになれ！

ＫＹ（空気が読めない）営業からＫＴ（空気をつくる）営業へ

以前、空気が読めない（ＫＹ）という言葉が流行っていたときに、私は疑問で仕方ありませんでした。その場の空気は、いろいろ動くものですから、空気が読めない（ＫＹ）のは、読もうとする努力が足りないだけだろうと。

それをこれ見よがしに「あいつはＫＹだ」などと言っている人こそ、空気が読めているのではなく、異質の空気にどのような対応をしてよいかがわからないから、自己弁護として発言しているのではないだろうか、と。

営業パーソンの仕事は、空気を読むこと、さらに読み切ることです。

例えば、宴席でお客様のグラスが空いたとき、空気を読んで注ぎにいくか、空気を読んで傍らにいる同僚に注がせるか、はたまた女将さんに注がせるか、瞬時に判断をしてアクションを起こすのが営業の仕事です。

その意味で、空気を読み切り、どのようなアクションが「最適」「最善」かを瞬時に判断して行動すること、つまり、**新しい空気をつくることが大事**になるわけです。

この「空気をつくる（KT）」ということは、「**率先垂範型行動**」を心がけるということでもあります。率先垂範型行動とは、周囲の環境や状況に左右されることなく、本来あるべき行動を自ら率先してできるということです。

日本人は、周囲の顔色を見た行動ができるという意味では、とても感性の高い人種だと思います。エレベーターに他人同士で乗り合わせると、空気を読んで、他人に迷惑がかからないように、無口になり、さらに空気を読みます。

そんな中、KTな人とはどんな人かといえば、「何階ですか？」と言って押しボタンを押してあげたり、待っている人に「上行きですよ」と声をかけたり、全体を考えた発信をできる人です。

いかなる集団の中でも、周囲にのまれてしまうことなく、「おはようございます」「いただきます」「ごちそうさまでした」としっかり発話できる人は、とてもKTな人だと思います。

見込み顧客はお客様からの紹介が近道

究極のセールスは、間接話法、第三者話法です。

第三者からの紹介や口コミほどお客様に大きな影響を与えるものはありません。「情けは人のためならず」「因果応報」といった言葉の通り、いい仕事やいい発信は、人の口を動かし、伝わっていきます。

また悪い噂といい噂の伝達速度は、5倍の開きがあるといわれています。悪い噂は、加速的に伝わっていきますが、いい噂は、じわじわとしか伝わっていきません。

だからこそ、いつでも、いい発信を心がけ継続していく必要があるのです。

「ねぇねぇ、○○を検討しているんだけど、誰かいい人いない？」と。これは、ただ営業パーソンを探しているという意味ではなく、その件について詳しく、相談に乗ってくれる人はいないかということです。

単なる営業パーソンでは、紹介してもらいにくいものです。相談された人が、「この人ならいろいろ知ってるかも？」とか、「この人は頼りになるわよ」とか、すぐにイメージでき、紹介できることが、見込み顧客を獲得する近道です。

あなたは、お客様から他のお客様に、どのように紹介されたいですか？

間接話法は、強力な武器となります。多くの人を巻き込むエネルギーを持っています。お得意様として扱ってもらった経験を人に話したがるからこそ、話したくなるような体験をしてもらうことが一番です。

巻き込みスイッチで周囲を積極的に巻き込んで、お客様から次のチャンスをいただけるようなより大きなムーブメントを起こしましょう。

8章

いい結果を生み出し続ける！「成長スイッチ」

スイッチ⑦

成長スイッチ

「成長スイッチで、営業パーソンとしても人間としても、常によい方向に進化し続けよう！」

お客様から選ばれ続ける営業パーソンは、自己学習を怠りません。これまで紹介した6つの「営業スイッチ！」を磨き続け、常に自己成長に余念がありません。
そんな営業パーソンに、お客様や周りの人間は信頼を寄せるようになります。
お客様の成長に何かお役に立とう、貢献しようと常に自頭で考え、行動し続ける営業パーソンの未来は、明るいものになるでしょう。

日々、お役立ち精神で行動できる営業パーソンは、自らの成長スイッチがしっかり入っています。

そんな営業パーソンは、自分のキャリアも、自ら切り開いていく力を十分備えています。

成長スイッチが、営業パーソンとして、また一人の人間としての成長を後押しし、新たな未来を切り開いていくための原動力となっていきます。

営業という仕事は、自己成長の種がたくさん詰まった仕事です。成長スイッチを入れることで、営業パーソンがもっと輝き、活躍し、自己実現が可能になっていきます。

この成長スイッチをきっちり入れることで、「営業スイッチ！」は一巡し、またさらに1つ目の思考スイッチが新たなステージで入ることになります。「営業スイッチ！」が生み出したスパイラルを回していくことで、あなたは一目置かれる営業パーソンとして、さらにバージョンアップし続けることが可能となります。

1

己の道を究める！「成長スイッチ」

自分の責任だと覚悟する

営業パーソンは、いつでも自己責任です。他責はあり得ません。お客様にとって、会社の事情、営業パーソンの事情は、全く関係ないことです。だからこそ営業パーソンは、常に自分自身でビジネスの帳尻を合わせる覚悟が必要となります。**最後にケツを拭くのは自分なのです**。

営業パーソンは、いつでも成長スイッチを押しっぱなしにしてなくてはなりません。ごまかさずに、誠心誠意、目の前のお客様に向き合っていくことで、火事場の馬鹿力も発揮されていきます。追い込まれても絶対に逃げ出さない、媚びない、引かない、ごまかさない、そうやって、日々お客様に挑んでいるからこそ、ビジネスパーソンとしての実力が身についていくのでしょう。

私はフルマラソンを趣味としてやっているのですが、マラソンはごまかしのきかないスポーツです。

ベストタイムは4時間20分ほどですが、最近は、なかなか5時間を切れないレースが続いています。理由は至って簡単です。絶対的なトレーニングの量が全く足りていないからです。ベストタイムを出したときの4分の1程度の練習量では、結果は推して知るべしです（まあ、言い訳はできないですが）。

営業の仕事も、ごまかしがきかないものです。マイベストセールスの記録を塗り替えたかったら、日々のトレーニングを積み重ねるしかないはずなのです。

営業という仕事が好きですか？

あなたは、営業という仕事が好きですか？　どんな仕事も、「好きこそものの上手なれ」ということはいえるでしょう。

成長スイッチを入れる大切なキーワードが、

この仕事が好き
この仕事をしている自分が好き
この仕事で出会う人が好き

ということです。

営業という仕事の何が好きで、この仕事をやっているのでしょうか？　この答えが、あなたの成長を担保することになるでしょう。

好きなことであれば、うまくいかないときにも、あきらめないでしょう。うまくいくまで、何度も何度も反復練習を重ねて、いつの間にか上達していく。そこには、気づく、学ぶ、繰り返すといった成長のステップが機能しています。

営業はビジネスの総合格闘技

どんな仕事であれ、その仕事に没頭して極めようとすれば、人として大事なことは学べるでしょう。

しかし、数多ある仕事の中でも、営業はビジネスパーソンとしての総合力を鍛えるにはとても適した仕事だと考えています。ビジネスで必要となるスキルやマインドを総動員する「総合格闘技」ともいえるでしょう。

外の世界は甘くありません。甘えの許されない外部との対人関係の中で、人と直接関わりながら、未来をつくり出していく仕事が営業です。

人は、人と真剣に関わり、直接体験をすることで学び、成長していくものです。もちろん、本やネットなどから情報や知識を得ることで成長することは可能ですが、その学びの深さと拡がりには大きな違いがあります。

生身の人間と直接関わって、そこから、五感で、感じて、考えて、悩んで、そして、そこに深い学びがあるから、人は、成長することができるのです。

3つの「知っている」

「知っている」、つまり知識があるということは、自己成長とどのような関係があるのでしょうか?

営業パーソンにとって、「知っている」ということは、博識ということではありません。

私は、「知っている」ということの基準を、「**100%知っていて、他人にその知識を教える**」ことと定義しています。

これが1つ目の「知っている」です。他人に教えることができるか否かで考えれば、そこまで知り尽くしていることは、決して多くないはずです。いくつになっても学び続けなければならないということです。

2つ目の「知っている」は、どうすれば知ることができるか? 知るための方法論を考える、トライ・アンド・エラーができることです。

近年は、検索エンジンで入力すれば、すぐ答えが出てきますが、それは1つの調べ方にしか過ぎません。それ以外の知るための方法をトライできるかどうかも大切です。

そして、3つ目の「知っている」は、そのことならあの人に聞けば知っているだろう、そのテーマはあの人が知っていたはず、あの人に聞けば教えてもらえそう……。つまり、**知っている人を知っている**ことです。「人脈」ともいうでしょう。

これは、営業パーソンとして、出会う相手に深く関心を持ち続けなければ手に入らないものです。これを培っていくことで、ライバルに大きな差を生むことができるのです。

これが、私が考える、自己成長力のある営業パーソンの3つの「知っている」です。

2 人との出会いが「成長スイッチ」をつくる

出会う人、皆「先生」

この本で繰り返しお伝えしてきたように、人と関わることが多い営業の仕事は、人から学ぶチャンスが満載です。

私自身、これまでを振り返ると、大事なことはすべて、人との出会いを通じて学んできたと言っても過言ではありません。お客様から親身になっていただいたアドバイスは、今でも大切な学びの1つとなっています。

以前、社内のどろどろした人間関係でとても大きなストレスを溜めていたとき、お客様のM氏（私より20歳ぐらい先輩で、役職者）と海外出張に行くことになりました。夜、食事が終わった後、いろいろと本音トークをしていた際にいただいた言葉がこれです。

「〝心労〟はたくさんしなさい。でも、〝心痛〟は決してしてはならない！」

心を労することは、どんどんしてもいいが、心が痛まないように気をつけなさいということです。

自分の力が及ばない人間関係に心を労しすぎて、心を痛める必要はない。心痛してしまっては、仕事ができなくなってしまうから、と。M氏の実体験を交えた貴重なアドバイスでした。

営業の醍醐味は、人と関わり、人から学ぶこと

営業という仕事の醍醐味は、日々いろいろな方と出会うチャンスがあることです。また、出会った人と、仕事を通じて、深い人間関係を構築していくことができることです。

私は、日頃から、意識的に、いろいろなタイプの方と接するようにしています。同じようなタイプの人とばかり一緒にいると、いつの間にか慣れてしまい、刺激が減り、成長ス

イッチが働かなくなってしまいます。

私が以前ヘッドハントされたベンチャー企業は、少し変わった経営者だったため、マスコミなどでもてはやされていて、いろいろな方が取材や表敬訪問などで会社にやってきました。その流れで、今では誰でも知っているような経営者達と会い、ビジネスの話をする機会をたくさんいただきました。

さらに、官僚、政治家、芸能人、宗教家、霊能者、マジシャンなど、実に幅広いジャンルの方々と接する機会にも恵まれ、多様な成長への刺激をもらうことができました。

人との出会いは、思考の幅を拡げてくれ、視点を引き上げてくれ、新しい見方や違った見方をするチャンスを与えてくれます。そのような普段出会わないような人達との出会いを、私は「**他流試合**」と呼んでいます。

自分とフィールドが違う人や違った考えを持つタイプの人をなかなか受け入れられないという人も意外と多いのですが、学びのチャンスを狭めている可能性があります。成長スイッチを意識して、一歩踏み出して関わってみてほしいものです。

3

「一人会議」を行なう

妄想が営業力を上げる

営業パーソンに限らず、仕事は、ただなんとなくやっていては面白いはずがありません。自ら主体的に成長スイッチを入れていくからこそ、工夫が生まれ、楽しめるのだと思います。そのため大切になるのが、内省できる力を養っていくことです。

そこで、おすすめしたいのが、「**一人会議**」です。

私はいつも一人で、営業活動がうまくいく妄想をあれこれやっています。お客様に伺う際は、ビジネスが発展していくシナリオをいつも妄想しています。最高の展開をイメージして、あれやこれやと、想いを巡らせていきます。

もしかして、こんな質問があるかもしれないとか、こんな提案をしたらどうだろうかなど、いいイメージの妄想はとても楽しいものです。

そんなことをしてからお客様を訪問するので、きっと相手にはとても楽しそうに見えるのでしょう。「福島さんは、いつも元気ですよね～」と、いつも声をかけてもらえるのも、この「一人会議」のおかげなのかもしれません。


商談が終わった後も「一人会議」です。

当然、訪問前に描いていた妄想通りに物事が進むわけがありません。だからこそ、思い描いていたイメージとかけ離れた結果に対し、また妄想して、いい関係になるためには、どうすればいいかをイメージします。

それだけお客様のことを考えるわけですから、お客様に惚れ込んでしまうんですよね。片思いで終わることも多いのですが、仕事につながらなくても、悔いは残りません。きっといつかまたご縁があると、本気でいつも思っています。

一人で内省することに意味がある

「一人会議」は、一人で進めることに意味があります。

会社に勤めていると、営業会議やチームミーティングなど、皆で情報を持ち寄って話し合うことがあります。もちろん、それはそれで有意義な時間にすればよいのですが、皆で集まってできるのは情報共有が中心です。

自分自身の成長のための振り返りは、自分自身で行なう必要があります。

「一人会議」はシミュレーションの場でもあり、反省会でもあり、戦略会議でもあり、企画会議でもあります。

自分自身が、どうしていきたいか？　主体的に考え、行動するためには、まず自分一人で「一人会議」を実践してみることです。自分でメモをとりながら、ああでもない、こうでもないとセルフコーチングをするわけです。

内省や振り返りを行なわないと、「考えない営業パーソン」になってしまいます。その場しのぎの、調子のいい営業パーソンになるのは避けたいものです。

4

「出すぎた杭」になろう

出る杭から出すぎた杭に

社会人になったばかりの頃、諸先輩達から、いつも言われていたことがあります。

出る杭は打たれるもの
出ない杭は忘れ去られる
出ない杭は腐る、錆びる、朽ちる

出る杭とは、「いろいろな局面で自ら矢面に立って、仕事をする」ということです。出る杭になれば、必ず、打たれるもの。やれ、生意気な奴だ、調子に乗りすぎだなど、いろいろな意味で諸先輩達から、お小言をいただくものです。そんな事実を踏まえたうえで、それでも出る杭になれと、諸先輩達は叱咤激励してくれました。

自ら矢面に立てば、自分の実力のなさに直面したり、赤っ恥をかいたり、自信を失ったり、壁にぶつかります。そこから、出る杭として、出続けていくことができれば、必ず実力が身につくのです。

出る杭になって、打たれたら、曲がってもいいから表に出ていなさい。なぜなら、出ない杭は、忘れ去られ、腐り、錆び、朽ちていく……。**自ら矢面に立とうとしなければ、真の実力は身につかず、朽ちていくだけです**。うまくいかなくても、失敗しても、叩かれても、表に出ていることが、自己成長には欠かせないことなのです。

そして、出る杭であり続けようとすれば、いずれ「出すぎた杭」になれるでしょう。出すぎた杭は、誰も打てない、打たれてもびくともしない。圧倒的な存在感でいることができます。

お客様から一目置かれ、選ばれ続ける営業パーソンとして、出すぎた杭になることを目指せば、周囲から何を言われても動じない自分の軸を鍛えることにもつながっていくでしょう。

恐れず一発当てにいこう！

お笑いや芸人は一発当てること、ブレイクして出る杭になることを目標に、長い下積み生活を送ってきます。さまざまなトライアンドエラーを続けながら、一世を風靡するような芸や笑いを生み出そうとしています。

幸運にもきっかけをつかんで、大ブレイクできたとしても、それを継続するのは簡単ではありません。なかなか長続きしないものです。俗に言う「一発屋」です。

ところが最近、過去にブレイクした一発屋の方が、いろいろな番組に呼ばれたり、ＣＭに使われたりしているのを見かけるようになりました。

これは、**過去に「出る杭」になったことがあるからこそ、もらえているチャンス**です。これまで一度もブレイクしたことがない人は、いまだにマイナーなのです。

アーティストの世界でも、同じですね。１曲でも当たりが出れば、メジャーの仲間入り。一度も当たらず、出る杭にならなければ、いまだにインディーズだという事実。一度でも、「出る杭」になるということは、とても大切なことなのです。

営業パーソンに置き換えてみれば、出る杭になるということは、これまで誰もできなかったような、インパクトのあるビジネスを成立させたいという欲を持って仕事に臨むことです。

大きなインパクトのある仕事は、影響力のある仕事です。だからこそ、世の中に貢献できるのです。商売の大きさだけではなく、新しい流れや新しい関係、新しいコラボレーション、世の中に新しい価値を送り出すきっかけになることが、営業パーソンの目指すべき出る杭だと思います。

人は誰でも、一発屋になってしまう恐怖や陰口を叩かれることへの不安を持っています。だからこそ、お客様から見て圧倒的な存在となれるように、一歩前へ出て行かなくてはならないということです。

5

「営業スイッチ！」で上昇し続ける自分になる！

気分のいい奴がいい結果を出す「上機嫌の法則」

最後に、誰でも、いつでも、どこでも、上機嫌でいるための法則をお伝えします。

ビジネスパーソンを街で見かけると、不機嫌そうな人が多くありませんか？　どこか気難しそうで、イライラオーラが満載で、舌打ちをしたり、頭を抱えたり、ため息をついたり、周りの人は目に入っていない様子で、一緒にいる人に不平不満をぶちまけていたりします。

私はそんな人に会うたび、残念な気持ちでいっぱいになります。

無意識のうちに、不機嫌オーラを出してしまっていたら、周りの人はどんどん離れていってしまいます。愚痴を吐く人は愚痴を吐く人を呼びますし、ネガティブオーラはネガティブオーラの人を呼びますし、陰口は陰口を好む人を呼びます。

そして、そういうタイプの人に限って、自覚がなかったりします。


かくいう私も、ビジネスでどん底状態だったときは間違いなく、周りから見たら同じありさまだったのだろうと思います。

鶏が先か、卵が先かですが、不機嫌オーラ満載だったからこそ商売がうまくいかないのか、商売がうまくいかないから不機嫌になるのか……。いずれにせよ、不機嫌は伝染するので、自覚がある方は、今すぐやめましょう。


ある社長さんから教えてもらった話です。

「眉間のシワが目立つ経営者には気をつけなさい！」

なぜかといえば、眉間にシワがよってしまう状況というのは、経営者の場合、商売がうまくいっていないときに起こりやすいもの。だから、眉間のシワは、そういう表情が多いということのサインだということでした。

反対に、「自分の眉間のシワは、お手入れをして伸ばしておきなさい。そうでないと、人が寄ってこなくなるよ」と言われました。つまり、**「上機嫌の法則＝上機嫌な雰囲気をいつでもどこでもまとうこと」**ということですね。

さあ、今すぐ自分の顔を鏡で見て、今から、いつでも、どこでも、上機嫌でいる！と決めましょう。そうすることで、「営業スイッチ！」の成長スパイラルが回り続けます。

「営業スイッチ！」で仕事にも人生にも劇的変化が起きていく！

「営業スイッチ！」は、あなたの「自分らしさ」を存分に発揮することをサポートします。「営業スイッチ！」をマスターすれば、営業活動はがぜん楽しくなり、強力な前進エネルギーが生まれてくるはずです。

さまざまな難しい課題にぶつかったときでも、7つのスイッチを意識すれば、動じることなく、自信を持って解決策を講じていくことができるようになるでしょう。

「営業スイッチ！」を上手にコントロールできるようになった営業パーソンは、無敵です。どのような状況にあろうとも、落ち着いて、自分自身の「営業スイッチ！」を入れ、必ず成果を生み出すことができます。

7つの「営業スイッチ！」は、相互に連動していくことで、らせん階段のようにぐるぐると回りながらステップアップしていきます。「営業スイッチ！」が入れば、

お客様から一目置かれる存在になれる

←お客様から選ばれ続けることになる

←お客様の課題解決のチャンスに恵まれる

←圧倒的な存在感のある営業パーソンになる

←属している組織を元気にすることができる

←日本のビジネスも元気になる！

ということになっていきます。

私のこれまでの経験を通じて言えることは、「**ビジネスで大事なことは、営業という仕事にすべて集約される**」ということです。

営業パーソンの仕事は、取り組み次第では、自己成長や学びの種がたくさん詰まった、とても素晴らしい仕事だと胸を張ってお伝えできます。

ぜひ7つの「営業スイッチ！」を押し続けることで、仕事も、そして自分の人生をも、輝かせていきましょう。

おわりに

最後までお読みいただき、ありがとうございました。

これであなたに、「営業スイッチ！」はインストールされました。次は、日々の営業活動の中で、実際に7つのスイッチを活用し、磨き続けていってください。お客様からの反応は、確実に変化していきます。そして、気づけば、あなたはさらにイキイキとした「元気な営業パーソン」へ進化していることでしょう。


「営業に元気なくして、企業に元気なし」は、私のモットーです。

私が独立するきっかけになったのは、勤めていたベンチャー企業での投資家のある心ない一言でした。営業パーソンへのリスペクトのない経営メンバーの言葉に、私は心の中で「絶対に許さないぞ。今に見ていろ。営業なくして、いいビジネスは成り立たないことを証明してみせる」と勇んで、勢いで独立してしまいました。

勢いで独立してしまったので、その後はいろいろと苦労することになるのですが、今となってはリベンジ精神を持って、新しく勇気ある行動を起こすための重要なきっかけだったのだと思います。そのときに決めたのが、先ほどのモットーでした。

思い返せば、自分の至らなさも大いに反省する部分も多々あるのですが、絶対に譲れないもの、自分の大切にしているものを軽んじられたら、反骨精神を持って、挑んでいくことも、時にはとても大事だと思います。


以来、営業パーソンの仕事の意味をいろいろな場で発信してきました。

「営業は、誰にでもできる仕事ではない」

「会社の成長の源泉は、営業パーソンが握っている」

「自分にしかできない仕事をしてこそ営業パーソンだ」

悩んだり、困ったりしている営業パーソンがいれば、積極的に相談に乗ってアドバイスをしてきました。それは、私と同じような環境や境遇に置かれるかもしれない大勢の営業パーソンに、同志の一人として、微力ながら貢献できたらとの想いからでした。


営業パーソンの仕事は、人と人、企業と企業との新しい関係を開発していくことだと私は定義しています。だからこそ、営業パーソンが「営業スイッチ！」を起動しなくてはならないのです。

さらにいえば、「営業スイッチ！」は営業パーソンだけではなく、直接お客様と接することのないビジネスパーソン達にも必要なものだと思っています。「営業に元気なくして、企業に元気なし」なのです。

さあ、「営業スイッチ！」を起動して、お客様から絶大なる信頼を獲得しに、今日も元気に「顔晴って」いきましょう！

最後に、本書執筆においては、私の「想い先行型」の文章を完成まで導いてくださったライターの長谷川華さん、同文舘出版の戸井田歩さん、また、執筆のきっかけになったフリー・エージェント・ネットワーク、さまざまな知見を交流した営業の先輩や同志達に、心よりの感謝を申し上げます。

二〇一五年四月吉日

元気を出す営業開発コンサルタント　福島章

著者略歴

福島　章（ふくしま　あきら）

元気を出す営業開発コンサルタント、人材開発トレーナー
株式会社ディ・フォース・インターナショナル代表取締役
大学卒業後、通信機器メーカーに入社。入社以来、数々のプロジェクトをリーダーとして牽引。ベンチャー企業２社での営業＆マーケティング担当役員を歴任し、2000年に営業開発コンサルタントとして独立。不安定な経営基盤のベンチャー企業時代に、自立型営業人材育成の重要性に気づいた経験から、さまざまなビジネスの立ち上げ営業指導を行なう傍ら、プロの人材開発トレーナーとして、広くビジネスパーソンの能力開発に従事している。これまでの指導実績は延べ18,700人を超える（2014年12月末時点）。

【お問い合わせ】 E-mail　afukus@eigyoswitch.com
■「営業スイッチ！」HP　http://www.eigyoswitch.com
■ AKIRA FUKUSHIMA HP　http://www.development-coach.com
■ブログ「今日も元気にＫＴでいきましょう♪」　http://kytokt.blog44.fc2.com/
■フェイスブック　http://www.facebook.com/afukus.dfi
■ツイッター　http://twitter.com/afukus

※「営業スイッチ！」は著者が商標登録出願中です。

お客様の期待を超え続ける
営業スイッチ！

平成27年5月15日　初版発行

著　者 ―― 福島　章

発行者 ―― 中島治久

発行所 ―― 同文舘出版株式会社

東京都千代田区神田神保町1-41　〒101-0051
電話　営業03（3294）1801　編集03（3294）1802
振替00100-8-42935
http://www.dobunkan.co.jp/

ISBN978-4-495-53061-7
印刷／製本：萩原印刷
Printed in Japan 2015